Richard Krauel

Graf Hertzberg als Minister Friedrich Wilhelms II.

Richard Krauel

Graf Hertzberg als Minister Friedrich Wilhelms II.

ISBN/EAN: 9783743630062

Hergestellt in Europa, USA, Kanada, Australien, Japan

Cover: Foto ©ninafisch / pixelio.de

Weitere Bücher finden Sie auf **www.hansebooks.com**

Graf Herkberg

als

Minister Friedrich Wilhelms II.

Von

R. Krauel,
Kaiserlichem Gesandten z. D.

— • • • —

Berlin 1899.
Ernst Siegfried Mittler und Sohn
Königliche Hofbuchhandlung
Kochstraße 68—71.

Alle Rechte aus dem Gesetze vom 11. Juni 1870
sowie das Übersetzungsrecht sind vorbehalten.

Inhaltsverzeichnis.

	Seite
Einleitung	1—5

Ältere biographische Versuche 2. — Denkschriften Hertzbergs. Zeitgenössische und spätere Urteile über ihn 3.

I. Hertzbergs dienstliche Laufbahn unter Friedrich II. und persönliche Verhältnisse ... 5—19

Hertzbergs schnelle Beförderung im Auswärtigen Ministerium 6. — Seine Thätigkeit bei Abschluß des Friedens zu Hubertsburg 9. — Hertzbergs Ernennung zum Minister 11. — Charakteristik Hertzbergs und Findensteins 13. — Hertzbergs Selbstüberschätzung. Seine Beziehungen zu Friedrich II. 15. — Seine Besuche in Sanssouci 16. — Letzte Tage des großen Königs 18.

II. Hertzbergs Verkehr mit dem Thronfolger ... 19—28

Hertzbergs politischer Briefwechsel mit dem Thronfolger, seine Überhebung und Empfindlichkeit gegen persönliche Angriffe 21. — Zweck seines Briefwechsels mit dem Thronfolger 27.

III. Die ersten Regierungsjahre Friedrich Wilhelms II. ... 28—43

Friedrich Wilhelms II. Regierungsantritt 28. — Auszeichnungen Hertzbergs 29. — Feindschaft des Prinzen Heinrich gegen Hertzberg 31. — Sein Verhältnis zu Findenstein und den Günstlingen des Königs 32. — Schwierige Stellung und Enttäuschungen Hertzbergs, Ablehnung seiner Ratschläge 34. — Hertzbergs Vergrößerungspläne durch Länderaustausch und seine Denkschrift darüber 36. — Die preußischen Gesandten Diez und Marquis Lucchesini über Hertzbergs Pläne 40. — Sein Briefwechsel mit Lucchesini 42.

IV. Steigende Entfremdung zwischen Friedrich Wilhelm II. und Hertzberg. Reichenbacher Konvention ... 43—59

Schwankendes Verhalten des Königs 43. — Schwinden des Hertzbergischen Einflusses auf den König und Mißlingen seiner Pläne 46. — Bündnis Preußens mit Polen, Schweden und der Türkei 49. — Preußische und österreichische Truppenbewegungen 52. — Konferenzen zu Reichenbach 53. — Schroffes Auftreten des Königs gegen Hertzberg 56. — Ergebnis der Reichenbacher Konferenzen 57.

Seite

V. Hertzbergs Sturz . . . . 59—84
Erneute Ungnade des Königs gegen Hertzberg 60. — Allgemeine Verstimmung der Mächte gegen Preußens Politik 62. — Preußisch-englische Verhandlungen 65. — Diplomatische Niederlage Preußens 67. — Ernennung zweier weiterer Minister neben Hertzberg 68. — Hertzbergs Rechtfertigungsversuche 69. — Gegnerschaft Kaiser Leopolds gegen Hertzberg 71. — Charakteristik der beiden neuen Minister 73. — Hertzbergs Zurücktreten von den Staatsgeschäften und sein Entlassungsgesuch 76. — Verabschiedungsformalitäten 80. — Beweggründe zu Hertzbergs Entlassung 81.

VI. Hertzberg nach seiner Entlassung. Sein Tod und seine geschichtliche Bedeutung . . . . 84—103
Sein Streben zur Wiedererlangung politischer Bedeutung 85. — Behinderung der litterarischen Thätigkeit Hertzbergs 86. — Seine Denkschriften und Eingaben an den König 88. — Seine öffentliche Kritik politischer Maßnahmen 89. — Hertzbergs Briefwechsel mit dem Reïs-Efendi Mohammed Raschid 91. — Scharfer Verweis an Hertzberg und dessen Rechtfertigungsversuch 92. — Sein Unvermögen, über Politik zu schweigen 95. — Hertzbergs Erkrankung und Tod 98. — Urteil der Nachwelt über Hertzberg 99. — Hertzberg der letzte Staatsmann des alten Preußens 103.

Einleitung.

Ueber das Leben des Ministers Ewald Friedrich Grafen v. Hertzberg, welcher nach Rankes Urteil zu den bedeutendsten Männern gehört, die in dem Auswärtigen Amte Preußens wirksam gewesen sind, fehlt es bisher an einer zusammenhängenden und erschöpfenden Darstellung. Zwar erschienen bereits im Jahre nach dem am 25. Mai 1795 erfolgten Tode des Staatsmannes „Fragmente zu dessen Leben," veröffentlicht von dem Pfarrer Weddigen, dem Herausgeber einer historisch-geographischen Zeitschrift, welche den Titel „Westphälisches Magazin" führte. Doch enthalten diese Fragmente, die Hertzberg selbst noch durchgesehen und zu denen er einen großen Teil der Materialien geliefert hat, nur eine formlose Masse der verschiedensten Nachrichten über das Leben des Ministers, seine politische und litterarische Thätigkeit, seine Bemühungen um die Hebung des Seidenbaues in Preußen, seine landwirtschaftlichen Kulturversuche, vermischt mit genealogischen und biographischen Notizen über die Familie Hertzberg sowie mit einer weitläufigen Beschreibung des gräflichen Gutes Britz und der übrigen Hertzbergschen Besitzungen in Pommern. Vergebens würde man in der kritiklosen Kompilation von Weddigen, der sich in der Einsamkeit seines westfälischen Landstädtchens auf das fleißige Sammeln und Zusammenstellen der ihm zugehenden Nachrichten beschränken mußte, nach selbstständigen Urteilen oder nach einer sachkundigen Würdigung der Persönlichkeit und der Leistungen des Grafen Hertzberg suchen. Weit abgerundeter in der Form und lesbarer, aber inhaltlich nicht viel wertvoller ist die im Jahre 1798 veröffentlichte biographische Skizze Hertzbergs von dem heute fast verschollenen Historiker Ernst Ludwig Posselt, der an vielen Stellen die

Angaben Webbigens, ohne diesen zu nennen, mit geringen stilistischen Abweichungen wörtlich wiederholt. Man hat Posselt hieraus den Vorwurf des Plagiats gemacht,*) wahrscheinlicher ist es jedoch, daß beide Schriftsteller auf übereinstimmenden, von Hertzberg seiner Gewohnheit nach in französischer Sprache ihnen gelieferten Mitteilungen fußen, welche der Historiker dann freier benutzt und eleganter übersetzt hat als der schwerfällige, auf dem Gebiet der Geschichte nur dilettantisch vorgebildete Theologe.**) Auch Posselt ist ein enthusiastischer Bewunderer und Verehrer des ihm persönlich befreundeten Ministers; nur selten veranlaßt ihn sein kritisches Gewissen zu einigen leisen Zweifeln und Vorbehalten gegenüber den Angaben und Urteilen seines Helden. Auf das Anerbieten, Hertzbergs Lebensgeschichte zu schreiben, versicherte dieser ihm zwar, daß niemand sie besser schreiben würde, fügte aber doch hinzu, daß es eine schwere Unternehmung sei, die nicht wohl mit Hilfe von einigen Nachrichten, deren Übersendung Posselt erbeten hatte, ausgeführt werden könne. In der That trug sich Hertzberg selbst mit der Absicht, sein eigener Biograph zu werden, indem er die wichtigsten Begebenheiten und Handlungen seines Lebens in eine von ihm geplante Geschichte Friedrichs des Großen aufzunehmen gedachte. Da diese Geschichte ungeschrieben blieb, ist auch der damit verknüpfte Nebenzweck einer Selbstbiographie nicht weiter verfolgt worden. Einigen Ersatz bietet der von Hertzberg 1792, drei Jahre vor seinem Tode, verfaßte Abriß seiner diplomatischen Laufbahn — Précis de la carrière diplomatique du Comte de Hertzberg — der, ursprünglich dem Professor Brunn am Joachimsthalschen Gymnasium in Berlin übergeben, erst im Jahre 1844 aus dessen Nachlaß von dem Historiker Köpke veröffentlicht worden ist. Der Précis enthält allerdings im wesentlichen nur eine vervollständigte und erweiterte Ausarbeitung von zwei Denkschriften, welche Hertzberg am 1. August 1791, wenige Wochen nach seiner Entlassung, an Friedrich Wilhelm II. einreichte, um sich und seine Politik zu rechtfertigen und seine Verdienste um den Staat und die Person des Königs in Erinnerung zu bringen. Die erste jener gleichfalls französisch geschriebenen Denkschriften, welche bisher ungedruckt sind und im Geheimen Staatsarchiv zu Berlin aufbewahrt werden, führt

---

*) Köpke in Schmidts Zeitschrift für Geschichte, Band I, Seite 9.

** Sowohl Posselt wie Webbigen haben die Angaben benutzt, welche ein schon 1781 erschienener Aufsatz über Hertzberg in Weidlichs „Biographischen Nachrichten von den jetzt lebenden Rechtsgelehrten" enthält.

den Titel „Tableau rapide et abrégé de mes principales transactions et occupations sous le règne de Frédéric II,“ die zweite enthält eine Darlegung der Beziehungen zwischen Hertzberg und Friedrich Wilhelm II. vor und nach dessen Thronbesteigung.

Von sonstigen zeitgenössischen Urteilen über die Persönlichkeit und das Wirken des Grafen Hertzberg sind noch zwei als wertvoll für die historische Kritik hervorzuheben.*) Zunächst eine kurze Skizze des Weltreisenden und geistreichen Publizisten Georg Forster in dessen „Erinnerungen aus dem Jahre 1790“, glänzend geschrieben und in vielen Einzelheiten offenbar von Hertzberg selbst inspiriert, der als ein tiefblickender und die Verhältnisse Europas ganz umfassender Minister gefeiert wird. „Die Lebensgeschichte dieses großen Staatsmannes schreiben,“ bemerkt Forster ganz im Sinne Hertzbergs, „hieße beinahe soviel als die politische Geschichte von Europa seit dem Hubertsburger Frieden entwickeln.“ Gleichfalls von lebhafter aber nicht kritikloser Bewunderung getragen sind die Äußerungen über Hertzberg in Chr. W. v. Dohms „Denkwürdigkeiten meiner Zeit“. Derselbe hatte Gelegenheit, die amtliche Thätigkeit des Ministers in der Nähe zu beobachten, nachdem er auf dessen Veranlassung als Archivar im auswärtigen Departement angestellt war und wegen seiner gewandten Feder vielfach zur Abfassung politischer Denkschriften benutzt, später auch auf diplomatischen Missionen verwendet wurde. Er sah in Hertzberg stets den verehrten Chef, dem er in warmer persönlicher Dankbarkeit zugethan blieb, ohne jedoch die Mängel in dem politischen System und die Schattenseiten in dem Charakter seines Gönners zu verkennen. Sehr ungünstig für Hertzberg lauten die Schilderungen des Grafen Mirabeau in der „Histoire secrète de la cour de Berlin“. Letzterer war während eines zweimaligen Aufenthalts in der preußischen Hauptstadt in den Jahren 1785 und 1786 zu dem Minister, dem er empfohlen war, in persönliche Beziehungen getreten, die anfangs ein

---

*) Außerdem verdienen Erwähnung: „Biographie des Ministers v. Hertzberg“ in Weidlichs Biographischen Nachrichten von den jetzt lebenden Rechtsgelehrten, Teil I, Halle 1781 und „Historische Züge zur Schilderung des Charakters und Lebens des Grafen v. Hertzberg“ im Hamburger Politischen Journal. Juli 1795. Von späteren Schriften über Hertzberg sind hier noch zu nennen: „E. F. Graf v. Hertzberg“ in der Allgemeinen Preußischen Personal-Chronik 1820, Seite 69 ff. „Nachricht den Minister v. Hertzberg und P. W. Gerden betreffend“ von Raumer in Ledeburs Allgemeinem Archiv für die Geschichtskunde des Preußischen Staates. Band IV, Seite 352—357. „E. F. Graf v. Hertzberg in den Pommerschen Lebens- und Landesbildern“ von Hermann Petrich. Hamburg 1880. Seite 345—373.

freundschaftliches Gepräge trugen, nach der Thronbesteigung Friedrich Wilhelms II. aber bald in das Gegenteil umschlugen, da Mirabeau in Hertzberg den Hauptgegner eines preußisch-französischen Bündnisses zu erkennen glaubte. Seitdem wird er nicht müde, in seinen Briefen und Berichten die stärksten Invektiven gegen die amtlichen und privaten Eigenschaften des Ministers auszusprechen. Diese Angriffe Mirabeaus, die bei aller Übertreibung von großer Beobachtungsgabe zeugen und manches Richtige enthalten, liefern einen immerhin wichtigen Beitrag zur Beurteilung des preußischen Staatsmannes und dürfen von einem künftigen Biographen Hertzbergs ebensowenig übergangen werden wie die Berichte der in Berlin beglaubigten fremden Gesandten, die mit dem Minister in dienstliche Berührung kamen und je nach ihren wechselnden Stimmungen und Interessen sein Bild bald in dunklen, bald in lichten Farben entwerfen.

Eine sehr wertvolle Quelle bietet ferner die umfangreiche Privatkorrespondenz Hertzbergs mit den preußischen Vertretern im Auslande, desgleichen seine zahllosen ministeriellen Erlasse und Denkschriften, von denen er eine Auswahl in einer dreibändigen Sammlung selbst veröffentlicht hat, sowie seine sonstigen historischen Abhandlungen und Akademiereden. Diese Materialien sind in mehr oder minder ausgiebiger Weise von den neueren Historikern benutzt, die sich mit der Zeit Friedrichs des Großen und Friedrich Wilhelms II. beschäftigt haben. Da erst unter dem letzteren Hertzberg mehr in den Vordergrund tritt und einen bestimmenden Einfluß auf die auswärtige Politik Preußens zu gewinnen scheint, so haben diejenigen Schriftsteller, welche die Persönlichkeit und die politische Thätigkeit des Grafen Hertzberg eingehender schildern, ihr Augenmerk hauptsächlich auf die Ereignisse von 1786 bis 1790 gerichtet*). Über die Ursachen und die näheren Umstände der am 5. Juli 1791 erfolgten Entlassung des Ministers sowie über sein Verhalten nach derselben ist, abgesehen von dem, was er selbst darüber

---

*) So Max Duncker: „Friedrich Wilhelm II. und Graf Hertzberg", Historische Zeitschrift, Band 37, Seite 1 ff. und Paul Bailleu, der beste Kenner der Hertzbergschen Zeit, in dem Artikel: „Graf Hertzberg", Historische Zeitschrift, Band 42, Seite 442 ff. B. Kalinka: „Der vierjährige polnische Reichstag 1788 bis 1791", 2 Bände, Berlin 1896, Königliche Hofbuchhandlung von E. S. Mittler & Sohn (Übersetzung aus dem Polnischen). Außerdem Unzer: „Hertzbergs Anteil an den preußisch-österreichischen Verhandlungen 1778 bis 1779". Die in diesem Jahr erschienene, sehr interessantes neues Material enthaltende Schrift von P. Wittichen: „Die polnische Politik Preußens 1788 bis 1790", ist mir erst nach Abschluß der vorliegenden Arbeit bekannt geworden.

in dem vorher erwähnten Abriß seiner diplomatischen Laufbahn und in gelegentlichen Privatkorrespondenzen erzählt hat, nichts Zuverlässiges bekannt geworden. Und doch verdient dieser Vorgang, welcher sich an einem Wendepunkte der preußischen Geschichte vollzog und dadurch sowie durch die beteiligten Interessen und Parteien eine über die Persönlichkeit des Grafen Hertzberg weit hinausreichende Bedeutung erlangt hat, genauer untersucht zu werden, um sowohl über die vorbereitenden Stadien der Entlassung als über ihre politischen Folgen und Nachwirkungen größere Klarheit zu erhalten.

Die nachstehenden Ausführungen beruhen, soweit sie thatsächlich Neues enthalten, auf den Akten des Geheimen Staatsarchivs in Berlin, die freilich nicht vollständig durchforscht werden konnten, so daß die Möglichkeit vorliegt, unter dem zerstreuten urkundlichen Material noch weitere Dokumente aufzufinden, auf Grund deren die Richtigkeit der jetzt gewonnenen Ergebnisse einer Nachprüfung zu unterziehen sein würde.

Zum besseren Verständnis der Ereignisse, welche zur Enthebung des Grafen Hertzberg von den Geschäften des Auswärtigen Amtes führten, ist ein Rückblick auf die dienstliche Laufbahn desselben, seine persönliche Stellung unter Friedrich dem Großen und Friedrich Wilhelm II. und auf die politischen Ereignisse in den ersten Regierungsjahren des letzteren notwendig.

I. Hertzbergs dienstliche Laufbahn und persönliche Verhältnisse unter Friedrich II.

Einem alten, schon um die Mitte des 13. Jahrhunderts in Pommern nachweisbaren Adelsgeschlecht entsprossen, war der am 2. September 1725 geborene Ewald Friedrich v. Hertzberg, abweichend von den militärischen Traditionen seiner Familie und dem Beispiele seines Vaters, der sich in preußischen und sardinischen Kriegsdiensten ausgezeichnet hatte, von Jugend auf für den Beruf eines Gelehrten und Beamten erzogen. Ein frühreifer Schüler und Student von ungewöhnlicher Arbeitskraft und Belesenheit, verfaßte er schon als Siebzehnjähriger ein geschichtliches Werk und schrieb, als ihm für seine Doktorprüfung der Abdruck einer Abhandlung über das Brandenburgische Staatsrecht vom Kabinetsministerium nicht gestattet wurde, in wenigen Tagen eine neue Dissertation über die Kurfürstenvereine und Kurfürstentage. 1745 in die Kanzlei des Auswärtigen Amtes eingetreten, begleitete er als zweiter

Legationssekretär den Staatsminister v. Danckelmann bei der brandenburgischen Wahlgesandtschaft nach Frankfurt, welche gegen die Kaiserwahl Franz' I. Einspruch erhob, und wurde dann im Geheimen Archiv angestellt, wo er auch Aktenauszüge für die „Brandenburgischen Denkwürdigkeiten" anfertigte, an denen Friedrich II. damals arbeitete. Als der König im März 1747 eine Pflanzschule (pepiniöre) für den diplomatischen Dienst einrichtete, befand sich Hertzberg unter den ersten zehn Edelleuten, die, mit dem Titel eines Legationsrates*) und 300 Thaler Jahresgehalt, darin Aufnahme fanden. Er galt bald als „le plus savant" unter seinen Kollegen und erhielt 1750 die Leitung des Geheimen Archivkabinetts, welches er mit großer Umsicht ordnete und bis zum Jahre 1765 verwaltete**). 1752 löste er eine Preisaufgabe der Akademie der Wissenschaften in Berlin über die erste Bevölkerung der Mark Brandenburg, was ihm den Eintritt in die Akademie verschaffte, und wurde im selben Jahre aus Anlaß seiner Verheiratung mit einer Tochter des Staatsministers v. Knyphausen zum Geheimen Legationsrat befördert. Seit 1754 wurde Hertzberg zu den regelmäßigen Konferenzen des Auswärtigen Ministeriums zugezogen, welches nach der unter Friedrich Wilhelm I. getroffenen Einrichtung unter der Leitung von zwei Kabinettsministern, damals den Grafen Podewils und Finckenstein, stand. Drei Jahre später erfolgte die Ernennung zum ersten expedierenden Sekretär, eine Stellung, die in mancher Hinsicht derjenigen des heutigen Unterstaatssekretärs ähnlich war und mit dem verantwortungsvollen Vertrauensposten des premier commis im französischen Ministerium des Auswärtigen zur Zeit des ancien régime verglichen werden kann.

Hertzberg wurde damals seit Jahren als der tüchtigste und kenntnisreichste Arbeiter des Auswärtigen Amtes betrachtet und regelmäßig mit der Abfassung der wichtigeren diplomatischen Noten und der eine besondere juristische und geschichtliche Gelehrsamkeit erfordernden Staatsschriften betraut, die während der ersten schlesischen Kriege bis 1755 der Großkanzler Samuel v. Cocceji auszuarbeiten pflegte. Obgleich der weitaus größte Teil der diplomatischen Korrespondenz der

---

*) Die Angabe von Beaulieu-Marconnay in seiner Schrift „Der Hubertsburger Friede", daß Hertzberg bereits im 17. Lebensjahre zum Legationsrat ernannt sei, beruht auf einem Irrtum.

**) Ranke nennt Hertzberg einen „geborenen Archivar". Vergl. den Aufsatz von E. Fischer, Staatsanzeiger 1875, Beilage 22 und 23 „Graf Hertzberg als Historiker und Archivar". Wiederabgedruckt im Novemberheft der deutschen Monatshefte Jahrgang 1875.

Preußischen Regierung jener Zeit in französischer Sprache geführt wurde, welche auch für den brieflichen Verkehr der Minister mit den preußischen Gesandten im Auslande und für alle an die letzteren aus dem königlichen Kabinett direkt ergehenden Schreiben die Regel bildete, so wird doch gerade bei Hertzberg hervorgehoben, daß er unter allen seinen Amtsgenossen den meisten Wert auf einen guten deutschen Stil legte und die deutsche Sprache aus ihrer untergeordneten Rolle gegenüber der französischen emporzuheben suchte. Er galt auch auf diesem Gebiete für eine Autorität innerhalb des Amtes und scheint bei den Konzepten, die ihm zur Durchsicht vorgelegt wurden, seine Censorenbefugnisse mit Strenge ausgeübt zu haben. Als es im Jahre 1756 zu Differenzen über Korrekturen kam, die Hertzberg an einer deutsch geschriebenen Staatsschrift des ins auswärtige Departement berufenen Kammergerichtsrats und Professors Kahle vorgenommen hatte, entschieden die Minister ohne weiteres, daß „es lediglich bei der Censur des Herrn Geheimen Legationsrates v. Hertzberg zu belassen sei". Andererseits lag es im Charakter Hertzbergs, daß er seine eigenen Ausarbeitungen für unübertrefflich hielt, es sehr übelnahm, wenn die ihm vorgesetzten Minister etwas darin änderten, und überhaupt gegen jeden Tadel schon damals eine übertriebene Empfindlichkeit zeigte.

Der Ausbruch und Verlauf des Siebenjährigen Krieges boten ihm wiederholt Gelegenheit, sich durch seine gewandte Feder hervorzuthun und die preußische Politik mit geschickt geschriebenen Denkschriften, die nicht nur den fremden Höfen mitgeteilt, sondern auch durch sofortigen Druck in verschiedenen Sprachen dem Publikum zugänglich gemacht wurden, erfolgreich zu verteidigen. So verfaßte Hertzberg auf eine den holländischen Generalstaaten im September 1756 durch den Residenten Augusts III. im Haag überreichte Note betreffend die „widerrechtliche Besetzung des streng neutralen Chursachsens durch die Preußen" eine ausführliche Erwiderung, welche dem preußischen Geschäftsträger im Haag übersandt wurde und nach dem Bericht des letzteren auf das holländische Ministerium den günstigsten Eindruck machte, desgleichen in Kopenhagen von guter Wirkung war. Auch die im Dezember desselben Jahres von Hertzberg redigierten „Considérations sur la conduite de la République de Pologne par rapport aux conjectures présentes" trugen ihm viel Lob ein und hatten bei den Polen den gewünschten Erfolg. Sie wurden ins Lateinische und Polnische übersetzt, die Verdeutschung scheint von Hertzberg selbst herzurühren. Am meisten Ruhm erntete der künftige Minister jedoch durch das vielgenannte Mémoire raisonné, mit welchem auf Grund der im Dresdener Archiv vorgefundenen Originaldokumente die preußische Offensive im Siebenjährigen Kriege vor der Öffentlichkeit gerechtfertigt werden sollte. Er erhielt den Auftrag zu einer solchen Denkschrift im September 1756, nachdem er schon im Juli auf Befehl des Königs zwei gegen Österreich und Sachsen gerichtete Précis ähnlicher Tendenz ausgearbeitet hatte. Hertzberg berichtet hierüber in dem vorerwähnten Abriß seiner diplomatischen Laufbahn: „Ich verfaßte in wenigen Tagen das berühmte Mémoire raisonné, durch welches fast ganz Europa von der Gerechtigkeit und Notwendigkeit des Krieges überzeugt wurde." Poffelt, der Biograph des Ministers, fügt noch hinzu, daß König Friedrich dem Mémoire eigenhändig das Wort raisonné beischrieb, was spätere Schriftsteller*) als ein verdientes Ehrenprädikat bezeichnet haben. In Wirklichkeit war jedoch der Ausdruck Mémoire raisonné die gewöhnliche Bezeichnung derartiger diplomatischer Rechtfertigungsschriften, und Friedrich der Große hatte umso weniger Anlaß, dem Hertzbergischen Mémoire das Wort raisonné als Ehrenprädikat beizufügen, als er, wie aktenmäßig feststeht, mit der Arbeit seines Geheimrats keineswegs zufrieden war. Schon der Minister Graf Finckenstein hatte Verschiedenes an dem Entwurf auszusetzen, sowohl am Stil, der an einigen Stellen nicht knapp genug gehalten sei, wie am Inhalt selbst, der König aber, etwas unwillig darüber, daß ihm die Durchsicht der ziemlich umfangreichen Schrift vor der Drucklegung überhaupt zugemutet wurde, machte ihr den Vorwurf der „Trockenheit und Lückenhaftigkeit". Hertzberg, der hiernach seinen ersten Entwurf abändern und umarbeiten mußte, suchte sich in einem gereizten, an die Minister gerichteten Schreiben zu rechtfertigen, worin er sogar die Besorgnis ausspricht, der König werde sich eines Tages einbilden, daß der Krieg mit Rußland durch das vorliegende Mémoire veranlaßt worden sei. Immerhin war der Erfolg der Schrift, mochte er auch in erster Linie dem sensationellen Inhalt zuzuschreiben sein, wohl geeignet, auch die weitgehendste Autoreneitelkeit zu befriedigen. Sie wurde in fast alle europäischen Sprachen übersetzt, von Freund und Feind eifrig gelesen und als Muster einer klaren, überzeugenden Verteidigungsschrift gepriesen. In den Generalstaaten allein waren wenige Wochen nach dem Erscheinen 3000 Exemplare verkauft.

---

*) Professor Preuß: „Friedrich der Große mit seinen Verwandten und Freunden." Berlin 1838. Seite 297. H. Petrich: „Pommersche Lebens- und Landesbilder." Hamburg 1880. Seite 354.

Der Name des Verfassers wurde nicht sofort bekannt, doch errieten ihn die Kenner der Hertzbergschen Schreibweise, wie es der Marquis Lucchesini noch 23 Jahre später ausgedrückt hat, par le stil mâle et vigoureux, la solidité des preuves et cette franchise, qui annonce la vérité.

Wie hiernach Hertzberg an der diplomatischen Einleitung des Siebenjährigen Krieges einen bedeutsamen Anteil nahm, so spielte er eine noch hervorragendere Rolle am Schluß desselben, da er nicht nur zu den Friedensverhandlungen mit Schweden und Rußland herangezogen wurde, sondern auch allein den Frieden von Hubertsburg schließen durfte. Hertzberg hat den Hubertsburger Frieden stets als den Höhepunkt seiner diplomatischen Thätigkeit unter Friedrich II. bezeichnet und sich bemüht, die eigenen Verdienste bei dessen Abschluß in einem noch glänzenderen Lichte erscheinen zu lassen, als dies der Wirklichkeit entspricht. In dem „Précis de la carrière diplomatique du comte de Hertzberg" wird die Hubertsburger Episode von ihm mit folgenden Worten erzählt: „Da der König sich zu Beginn des Jahres 1763 in der Lage befand, mit den beiden Höfen von Wien und Dresden Frieden zu machen, berief er mich von Berlin nach Leipzig, schickte mich nach Hubertsburg und bediente sich meiner allein, um, mit Ausschluß des Grafen Finck, der mit ihm in Leipzig war, diesen berühmten Frieden von Hubertsburg zu schließen, der so dauerhaft war und so ehrenvoll für ihn und für mich." Der Pfarrer Weddigen ergänzt in der von Hertzberg selbst durchgesehenen Biographie des Ministers diese Erzählung dahin, daß Hertzberg für die Friedensverhandlungen in Hubertsburg keine schriftliche, sondern nur eine kurze mündliche Instruktion erteilt wurde, eine Angabe, die sich schon in den vorerwähnten biographischen Nachrichten von Weidlich findet und die auch Posselt und andere Schriftsteller fast wörtlich wiederholen. Wie sehr Hertzberg es in späteren Jahren liebte, sich das alleinige Verdienst bei diesem Frieden zu vindizieren, erhellt indirekt auch aus einem Briefe des Marquis Lucchesini, der ihm unter dem 24. August 1779 das Kompliment macht: „Es wird stets ein Problem bleiben, ob der König besser den Siebenjährigen Krieg geführt hat, oder Eure Excellenz die Friedensverhandlungen von Hubertsburg". In Wirklichkeit hat Friedrich der Große auf die Friedensverhandlungen denselben entscheidenden Einfluß ausgeübt wie auf die militärischen Operationen des Siebenjährigen Krieges. Hertzberg erhielt für seine Konferenzen mit den österreichischen und sächsischen Bevollmächtigten, dem Hofrat

v. Collenbach und Herrn v. Fritsch, unter dem 28. Dezember 1762 eine sehr ausführliche schriftliche Instruktion,*) die ihm genau die preußischen Friedensbedingungen vorschrieb und eingehende Verhaltungsmaßregeln enthielt über die Sprache, die er führen und über die Taktik, die er befolgen sollte. Entscheidungen nach eigenem Ermessen waren, von unwesentlichen Formalien abgesehen, vollständig ausgeschlossen. Hertzberg mußte sich vielmehr im Lauf der Verhandlungen wiederholt von Hubertsburg in das königliche Hauptquartier nach Leipzig begeben, wo der Text der preußischen Antworten auf die inzwischen eingegangenen österreichischen Friedensvorschläge und die sächsischen Wünsche und Forderungen festgestellt wurde.

Von einem Ausschluß des Ministers Grafen Finckenstein bei diesen Verhandlungen kann nicht gesprochen werden. Derselbe war sogar von Friedrich II. anfänglich zum Bevollmächtigten für den Friedenskongreß bestimmt, in der Annahme, daß die Verhandlungen in Leipzig stattfinden würden. Erst als auf österreichisches Verlangen ein anderer Ort gewählt wurde, da der Wiener Hof „bei allzu naher persönlicher Gegenwart des Königs beständig neue Überraschungen oder gar Intimidirungen, woran er so sehr gewöhnt", befürchtete, ließ Friedrich den Geheimrat Hertzberg für die Konferenzen aus Berlin kommen, weil er den Grafen Finckenstein für die Erledigung der laufenden Regierungsgeschäfte in Leipzig nicht entbehren wollte. Letzterer hat die erwähnte Generalinstruktion für Hertzberg vom 28. Dezember 1762 gegengezeichnet und selbstverständlich auch an den im Hauptquartier stattfindenden Beratungen teilgenommen, zu welchen der preußische Bevollmächtigte aus Hubertsburg citiert wurde. Hertzberg selbst erbat sich in Spezialfragen, die beim Fortschreiten des Friedenswerkes auftauchten, beispielsweise bei den Differenzen über den Austausch der sächsischen Kriegsgefangenen, die Vermittlung des Ministers, um den König nachgiebiger zu stimmen. Bei diesem Sachverhalt bleibt für Hertzberg noch immer das große Verdienst, daß er in Hubertsburg die Weisungen des Königs in allen Punkten mit Geschick und Erfolg ausführte, sowie der Ruhm, daß er seinen Namen unter die denkwürdigen Friedensurkunden setzen konnte. Bekanntlich hat Hertzberg später häufig erzählt, daß sein Gebieter ihn zu der Unterzeichnung des Friedens mit den Worten beglückwünschte: „Sie haben den Frieden gemacht, wie ich den Krieg, einer gegen mehrere".

---

*) Abgedruckt bei Beaulieu-Marconnay: „Der Hubertsburger Friede." Leipzig 1871.

In dem gleich nach dem Besuch des Königs in Hubertsburg aufgesetzten Berichte Hertzbergs findet sich dieses Bonmot nicht. Es wird dort nur erwähnt, daß der König, als er im Zimmer von Hertzberg Chokolade trank, sich von den letzten Schwierigkeiten vor Unterzeichnung der Verträge erzählen ließ und dann die charakteristische Äußerung that: „Es ist doch ein gutes Ding um den Frieden, den wir abgeschlossen haben, aber man muß sich das nicht merken lassen". Das Kompliment, daß der preußische Unterhändler auf der Hubertsburger Friedenskonferenz als einer gegen mehrere Gegner in einem ungleichen Kampfe gesiegt hätte, wäre insofern sachlich nicht ganz verdient gewesen, als es dort gleich anfangs an einem Zusammenhalten und gemeinsamen Auftreten bei den Vertretern der beiden verbündeten Mächte fehlte. Der sächsische Bevollmächtigte beklagte sich beständig über mangelnde Unterstützung seitens des Hofrats v. Collenbach, und in Wien war man unwillig über das Vorgehen des Herrn v. Fritsch. Es kam schließlich dahin, daß Sachsen und Preußen gewissermaßen gemeinschaftliche Sache machen mußten, um das Friedenswerk seinem Ende zuzuführen.*)

Alles in allem genommen, war mithin die Aufgabe des preußischen Bevollmächtigten in Hubertsburg keine besonders schwierige und bot insbesondere nicht Gelegenheit, sich durch selbstständige politische Gedanken und Entschließungen auszuzeichnen. Es lag für Hertzberg eher Grund vor, den glücklichen Zufall zu preisen, der ihn zu dieser dankbaren Rolle berufen hatte, als die Verdienste, die er sich im Lauf der Verhandlungen erwarb. Immerhin blieb die königliche Anerkennung und Belohnung für seine Leistungen nicht aus. Abgesehen von einem Geldgeschenk von 1000 Thalern, wie solches damals bei Friedensschlüssen üblich war, erfolgte endlich die sehnlichst erwartete dienstliche Beförderung. Als im ersten Friedensjahre der Graf Finckenstein an Stelle des schon 1760 verstorbenen Grafen Podewils zum ersten Kabinettsminister des Auswärtigen ernannt wurde, erhielt Hertzberg am 5. April 1763 den dadurch freigewordenen Posten des zweiten Kabinettsministers. Da es zu den Eigentümlichkeiten des neuen Ministers gehörte, bei jeder Gelegenheit seine Uneigennützigkeit in Geldsachen hervorzuheben, so wird auch dieses Aufrücken in eine höhere Stellung fast nie erwähnt, ohne der finanziellen Verschlechterung zu gedenken, die sie im Gefolge hatte. „Ich begnügte mich," sagt Hertzberg in seinem diplomatischen Lebensabriß, „aus Bescheidenheit mit den 5000 Thalern Gehalt, welche der Graf

---

*) Beaulieu-Marconnay a. a. O., Seite 122.

Fink gehabt hatte, und überließ die 7000 Thaler,*) welche ich vorher hatte, meinen subalternen Nachfolgern". Es ist von dem späteren Minister Wöllner in einer Denkschrift, welche er 1786 über die Kabinets=regierung in Preußen für den derzeitigen Kronprinzen ausarbeitete, behauptet worden, der Posten des zweiten auswärtigen Ministers sei damals vor Hertzberg dem vielgenannten einflußreichen Kabinetsrat Eichel angeboten, von letzterem aber ausgeschlagen worden, weil es ihm angenehmer gewesen sei, „alle anderen Minister vor sich kriechen zu sehen, als selbst Minister zu sein". Trotz allem Ansehen und Vertrauen, welches Eichel bei Friedrich II. genoß, erscheint es sehr unglaubwürdig, daß dieser daran gedacht haben sollte, einen Kabinetsbeamten zum Minister zu erheben, abgesehen davon, daß die Kräfte Eichels im Jahre 1763 schon sehr im Rückgange begriffen waren.**) Dagegen entsprach es durchaus der amtlichen Tradition, daß der erste Sekretär des aus=wärtigen Departements den Rang eines Ministers erhielt und zum Chef dieser Behörde befördert wurde. So avancierte schon Ilgen, nach dessen Vorschlägen die Gründung und Organisierung des Auswärtigen Amtes unter Friedrich Wilhelm I. erfolgte, vom Geheimsekretär zum Kabinetsminister, und ebenso wurde 1731 der wegen seiner Gelehr=samkeit, wie Hertzberg, als lebendiges Archiv bezeichnete Thulemeier zum Minister ernannt, nachdem er lange Jahre als Sekretär die politischen Angelegenheiten bearbeitet hatte.

Die beiden nunmehrigen Chefs des auswärtigen Departements, Finckenstein und Hertzberg, ergänzten sich in sehr glücklicher Weise. Ersterer ein Spielgenosse und Jugendfreund Friedrichs II., der ihm auch in den Werken des Philosophen von Sanssouci eine besondere Epistel widmete, war schon unter Friedrich Wilhelm I. diplomatisch thätig gewesen, bekleidete dann Gesandtschaftsposten in Kopenhagen, Stockholm und Petersburg und wurde daneben zu wichtigen außer=ordentlichen Missionen in London, Paris und bei verschiedenen deutschen Staaten verwandt. Er gewann auf diese Weise eine auf eigener An=schauung beruhende Kenntnis der Verhältnisse und Persönlichkeiten an

---

*) Die Differenz erklärt sich anscheinend daraus, daß Hertzberg neben der Besoldung des ersten Sekretärs (3000 Thaler) auch die Remuneration des Archivars und des Sekretärs für die schlesischen Angelegenheiten bezogen hatte.

**) Eichel starb 1768. Friedrich der Große meldet dem Prinzen Heinrich den Tod des treuen Dieners mit dem Zusatz, daß derselbe in den letzten drei Jahren nicht mehr arbeitete, sondern nur noch für die Aufrechterhaltung der Ordnung im Bureau sorgte.

den auswärtigen Höfen, ein Vorzug, welcher dem nur im inneren Dienste groß gewordenen, durch Bücher- und Aktenstudien vorgebildeten Hertzberg abging. Dieser konnte es nie durchsetzen, einen Posten im Auslande zu erhalten, obgleich er sich wiederholt um einen solchen bewarb. Sein etwas steifes bureaukratisches Wesen und seine gelegentlich zur Grobheit sich steigernde Aufrichtigkeit im persönlichen Verkehr erregten bei den fremden Diplomaten Anstoß, während diese die weltmännischen Formen und die würdevolle Höflichkeit des Grafen Finckenstein lobten, der übrigens auch wegen seines zuverlässigen Charakters allgemein geschätzt wurde. Hertzberg besaß ohne Zweifel das gründlichere Wissen, die größere Arbeitskraft und eigene politische Ueberzeugungen, während Finckenstein sich durch angeborenen Takt bei Behandlung der Geschäfte und ein sicheres Gefühl für die Erfordernisse und Möglichkeiten des Augenblicks auszeichnete. Letzterer wurde schon 1749 im 37. Lebensjahre Kabinettsminister und genoß auch in dieser Stellung die Freundschaft und das Vertrauen Friedrichs II. in so hohem Maße, daß ihm bei Ausbruch des Siebenjährigen Krieges in der bekannten Instruktion vom Januar 1757 die Sorge für den gefährdeten Staat und die königliche Familie übertragen wurde. Wenn Hertzberg, der 14 Jahre der Untergebene Finckensteins gewesen war, jetzt dessen Kollege wurde, so lag hierin für das persönliche und geschäftliche Verhältnis eine gewisse Schwierigkeit, so daß es gegenseitiger Rücksichtnahme bedurfte, um ein einträchtiges Zusammenwirken zu ermöglichen. Der vornehmen Natur Finckensteins, der sich überdies der Königlichen Gunst sicher wußte, lagen eifersüchtige Regungen gegen den jüngeren Minister zunächst fern. Der ehrgeizige und unruhige Charakter Hertzbergs litt dagegen mit der Zeit immer schwerer darunter, daß er, der doch die Hauptarbeit im Auswärtigen Ministerium that, keinen entsprechenden Einfluß auf die Geschäfte gewann und sich stets mit der zweiten Rolle begnügen mußte. In vertraulichen Äußerungen klagte er nicht sowohl über den Grafen Finckenstein als über den König selbst, der auf seine Ratschläge hören und auf Hertzbergs Pläne nicht eingehen wolle, sondern es vorziehe, wichtige Angelegenheiten nur mit dem älteren Minister zu besprechen und diesen allein ins Vertrauen zu ziehen. Dohm, der die Wirksamkeit und Stellung beider Minister lange aus der Nähe vergleichen konnte, behauptet, daß Finckensteins Rat beim König um so mehr Gewicht hatte, als er ihn nie unaufgefordert gab und sich in die Ideen sowohl wie in die Launen des Monarchen mit der Geschmeidigkeit des Hofmannes fügte. Hertzberg dagegen hielt, auch ohne gefragt zu sein, mit den eigenen Ansichten nicht zurück, pflegte lebhafte Gegenvorstellungen zu machen und auf seine Lieblingsgedanken und Pläne in aufdringlicher Weise zurückzukommen, so daß er sich gelegentlich scharfe Zurückweisungen des Königs zuzog.

23 Während der 14 Jahre, in denen Hertzberg Minister Friedrichs II. war, ist es ihm nie gelungen, einen nachhaltigen Einfluß auf die politischen Entscheidungen des Herrschers zu gewinnen, obgleich dieser in Einzelfragen, wie beispielsweise bei der Auswahl der polnischen Gebiete für Preußen gelegentlich der ersten Teilung Polens, ihm mitunter gefolgt ist. Die Überlassung Galiziens an Österreich bei dieser Teilung tadelte Hertzberg als einen schweren politischen Fehler. Ebensowenig war er nach dem bayerischen Erbfolgekriege mit den Bestimmungen des Teschener Friedens einverstanden, der, wie er behauptete, für Preußen vorteilhafter ausgefallen sein würde, wenn man ihm erlaubt hätte, denselben abzuschließen. Auch mit dem Gang und Ergebnis der Verhandlungen über den deutschen Fürstenbund, der letzten politischen That des großen Friedrich, war Hertzberg nicht völlig zufrieden. Den in Berlin stattfindenden Beratungen über die Akte des Fürstenbundes wurde nicht sein Entwurf, sondern auf Befehl des Königs derjenige des hannoverschen Ministers v. Benlwitz zu Grunde gelegt, der, in den deutschen Reichsgeschäften erfahrener, seinen Vorschlägen eine allgemeinere, das Selbstgefühl der beteiligten Fürsten und die Empfindlichkeit Österreichs schonendere Fassung gegeben hatte. In dem darauf entbrennenden Notenkriege mit dem Wiener Hofe verfaßte Hertzberg mit überlegenem Geschick die preußischen Rechtfertigungsschriften, aber es waren in der Hauptsache nicht seine, sondern des Königs politische Ideen, die er zu verteidigen hatte. Hertzberg selbst hat die untergeordnete Rolle, zu welcher er unter Friedrich dem Großen verurteilt war, später in Abrede stellen wollen und gelegentlich behauptet, daß er den Hauptanteil an dem Erfolg der diplomatischen Feldzüge des Königs gehabt und ihm die Gedanken für dieselben größtenteils eingegeben habe.*) Wie er sich

---

*) Brief Hertzbergs an den Ritter von Zimmermann vom 8. November 1788: "Si l'on pouvait écrire l'histoire diplomatique de Frédéric II. avec des pièces justificatives on verrait, que j'ai eu la principale part à ses vues, que j'en ai fourni une grande partie et que les miennes ont toutes réussi". — Ähnlich in dem Memorandum Hertzbergs für Friedrich Wilhelm II. vom 1. August 1791 bei Besprechung des Fürstenbundes: "Ce projet avait été longtemps mon idée favorite — je fis agréer la même idée au Roi Frédéric II., qui la saisit comme la sienne".

hierbei in einer Selbsttäuschung befand, zu welcher ihn vielleicht der
Mangel voller Anerkennung für das, was er wirklich geleistet hatte,
verleiten mochte, so hat er auch sein persönliches Verhältnis zu dem
König überschätzt, wenn er solches nach dessen Tode wiederholt als „une
sorte d'amitié et de familiarité" bezeichnete. Hertzberg hat nie zu
dem intimen Freundeskreise Friedrichs des Großen gehört. Dieser
schätzte ihn hoch wegen seiner Kenntnisse, seines Arbeitseifers, seiner
patriotischen Gesinnung, aber er behandelte ihn nicht mit jener freund=
schaftlichen Vertraulichkeit, durch die der Minister Finckenstein und ver=
schiedene der litterarischen und militärischen Genossen aus der letzten
Zeit des Königs ausgezeichnet wurden. Man kann sich nichts geschäft=
lich Kühleres denken als die Worte, in denen Friedrich bei einer schweren
Erkrankung Hertzbergs im Dezember 1780 seine Anteilnahme aus=
drückte: „La perte d'un ministre de vos talents et de votre zéle
aurait tous Mes regrets."

Eine Einladung nach Sanssouci, die als ein Zeichen besonderer
Gunst galt, hat Hertzberg zuerst im November 1780 erhalten. Er ver=
dankte diese Auszeichnung nicht sowohl seinen ministeriellen Verdiensten
als den litterarischen Beziehungen, welche sich im Jahre vorher zwischen
ihm und dem Könige in Breslau während der Zeit der Verhandlungen
über den Frieden von Teschen angeknüpft hatten. Dort, wo Friedrich
auch mit den Professoren Garve und Arlet verkehrte, die ihm die Lektüre
der besten lateinischen und griechischen Autoren für die deutsche Jugend
empfahlen, unterhielt er sich gelegentlich mit dem Minister über deutsche
Sprache und Litteratur. Letzterer schickte ihm eines Tages die deutsche
und französische Übersetzung des 37. und 44. Kapitels aus der Germania
des Tacitus zum Beweise dafür, daß die Feinheiten und die prägnante
Kürze des lateinischen Textes sich im Deutschen ebenso gut wiedergeben
ließen wie im Französischen. Als der König sich durch diese erste Probe
nicht für überzeugt erklärte, folgte eine zweite vergleichende Übersetzung
einer Stelle aus den Annalen des Tacitus.*) Dies führte zu weiteren
Erörterungen und veranlaßte den König, die Herausgabe seiner be=
rühmten Schrift „De la litterature allemande" Hertzberg zu über=
tragen, während auf dessen Empfehlung die deutsche Übersetzung dem
damaligen Kriegsrat Dohm anvertraut wurde.

---

*) Die Originale dieser Übersetzungen mit den Begleitschreiben Hertzbergs und
den eigenhändigen Antworten des Königs befinden sich im Geheimen Staatsarchiv
in Berlin. Ein vollständiger Abdruck ist später in einer besonderen Schrift auf
Hertzbergs Veranlassung erschienen.

Dieser ersten Einladung nach Sanssouci ist dann, wenn man der Angabe Hertzbergs Glauben schenken darf, im Herbst jedes Jahres bis zum Tode Friedrichs II. eine weitere gefolgt. Besonders denkwürdig gestaltete sich der Aufenthalt des Ministers in Sanssouci während der letzten Krankheit des Königs im Juli und August 1786. Hertzberg hat wiederholt die Überzeugung ausgesprochen, er sei vom König dorthin berufen, um Zeuge von dessen Tod und von dem Regierungswechsel zu sein. Sein Biograph Posselt hat diesen Gedanken, wohl nicht ohne Zuthun des Ministers, welcher die klassischen Reminiscenzen liebte, weiter ausgeführt, indem er an die Übergabe des Ringes an Perdikkas beim Tode Alexanders des Großen erinnert. „Friedrich," schreibt er, „wollte seinem Nachfolger den Mann bezeichnen, den er für den fähigsten hielt, die künstliche und stark aufgezogene Maschine der preußischen Monarchie in ihrer bisherigen Kraft und Regelmäßigkeit zu erhalten." In Wirklichkeit bedurfte es freilich einer solchen Empfehlung für seinen Nachfolger nicht. Friedrich wußte, daß Hertzberg seit Jahren der politische Vertraute des Prinzen von Preußen war. Die Privatbriefe Hertzbergs aus den letzten Tagen des großen Königs schildern in anschaulicher Weise, wie dieser auch angesichts des nahen Todes die Zügel der Regierung keinen Augenblick aus den Händen ließ, sie werfen ferner ein interessantes Licht auf das persönliche und dienstliche Verhältnis zwischen dem Herrscher und seinem Minister. Letzterer befand sich auf seinem Gute Britz bei Berlin, als er die Aufforderung erhielt, nach Potsdam zu kommen, „pour passer huit jours avec le Roi". Er hatte soeben in Britz den Besuch des Prinzen von Preußen empfangen, der in Begleitung des Adjutanten, Oberst v. Bischoffwerder*) und des Prinzen von Anhalt-Dessau ihm die Ehre erwies, sein Gast zu sein. Da Friedrich II. einen Verkehr seiner Minister mit dem Thronfolger nicht gern sah, fürchtete Hertzberg, daß ihm hierüber Vorhaltungen gemacht werden sollten — je craignis d'être grondé de ce que je m'attachais au successeur — als er jedoch am 9. Juli in Sanssouci eintraf, wurde er in gnädigster Weise empfangen. Seine Berufung an das Hoflager des Königs, dessen baldiges Ableben allgemein

---

*) Bischoffwerder und nicht Bischoffswerder scheint die richtige Lesart zu sein. Er schreibt sich in seinen im Geheimen Staatsarchiv vorhandenen Briefen nie anders, wogegen der König Friedrich Wilhelm II. und die Minister ihn Bischoffswerder nennen. Hartmann in der allgemeinen deutschen Biographie behauptet, daß im Kirchenbuch des Geburtsortes der Familie sich der Name als Bischoffswerder finde und sich der General auch so geschrieben habe.

erwartet wurde, machte im Publikum großes Aufsehen.*) Der preußische Gesandte im Haag, v. Thulemeier beglückwünschte ihn zu dieser Auszeichnung. Der Prinz von Preußen und der in Berlin verbliebene Minister Graf Finckenstein erwarteten mit Spannung, welche Aufträge Hertzberg von dem sterbenden Monarchen erhalten würde. Zunächst hatte jener jedoch nichts Besonderes zu melden. Friedrich, welcher die laufenden Regierungsgeschäfte trotz seiner großen Schwäche in gewohnter Weise während der Morgenstunden mit den Kabinettssekretären erledigte, vermied es, mit Hertzberg unter vier Augen, sei es über die auswärtige Politik, sei es über sonstige Staatsangelegenheiten, zu sprechen, und sah denselben in der Regel nur bei den gemeinsamen Mahlzeiten oder den Abendunterhaltungen, zu welchen sich die nähere Umgebung des Königs — außer Hertzberg nur aus vier Personen, den Grafen Schwerin und Goertz, Marquis Lucchesini und Pinto bestehend — zu versammeln pflegte. Doch erhielt Hertzberg damals das erste und einzige außerordentliche Geschenk, welches ihm in einer vierzigjährigen Dienstzeit von Friedrich dem Großen zu teil geworden ist, ein Porzellanservice, vierzehn Tage vor dem Tode des Königs.

Unter den politischen Fragen, welche zu jener Zeit die preußische Regierung beschäftigten, standen die holländischen Wirren im Vordergrunde. Der Statthalter der Niederlande, Prinz Wilhelm IV. von Nassau-Oranien, hatte sich an Friedrich den Großen um Beistand gewandt gegen die im Geheimen von Frankreich begünstigten Umtriebe der sogenannten Patriotenpartei, die Befugnisse der Statthalterwürde einzuschränken. Seine energische und ehrgeizige Gemahlin Wilhelmine, eine Tochter des verstorbenen Prinzen August Wilhelm von Preußen, war bemüht, im gleichen Sinne auf den König zu wirken, der sich jedoch ablehnend verhielt und eine Einmischung in die inneren Verhältnisse Hollands aus Familien- oder dynastischen Interessen für unzulässig ansah. Hertzberg, teils durch den Prinzen von Preußen beeinflußt, der sich lebhaft für das Schicksal seiner Schwester interessierte, teils aus allgemeinen politischen Gründen, neigte zur Anwendung energischer Pressionsmittel gegen die Patriotenpartei und gestattete sich, während seines Aufenthaltes in Sansouci die Aufmerksamkeit des kranken Königs in einer längeren Denkschrift auf die gefährliche Lage der Dinge in Holland zu lenken. Er mußte jedoch noch einmal die Erfahrung

---

*) Auch Mirabeau meldete diese Berufung als ein wichtiges und, wie er irrtümlich hinzufügt, bisher nie vorgekommenes Ereignis nach Paris. Brief vom 21. Juli 1786 in der „Histoire secrète de la cour de Berlin".

machen, daß Friedrich für unerbetene ministerielle Ratschläge in der Politik nicht zugänglich war und seine Entscheidungen selbst fassen wollte. Wie Hertzberg dem gleichfalls für die oranische Sache gewonnenen Gesandten Thulemeier meldete,*) hält der König, durch seine Krankheit gereizt, noch sehr eifersüchtig an dem Prinzip fest, das er stets gehabt hat, allein regieren zu wollen und alles selbst zu thun. Auf das Drängen in der holländischen Angelegenheit erfolgte nur die von einem Kabinetsjekretär überbrachte mündliche Antwort, der König brauche nicht Hertzbergs Augen, um das Übel zu sehen, es sei leicht gesehen, aber schwer Abhilfe zu schaffen. Der Minister war über diese schroffe Zurechtweisung so bestürzt, daß er befürchtete, aus Potsdam weggeschickt zu werden, „si non en disgrace, du moins avec froideur", und daß er deshalb erwog, ob es nicht besser sei, selbst um die Erlaubnis zur Rückkehr nach Berlin zu bitten. Der Prinz von Preußen, den Hertzberg von dieser Lage unterrichtete, riet zum Bleiben, er meinte, die üble Laune des Königs habe ihren Grund lediglich in dessen Besorgnis, man könne finden, daß sein Gedächtnis und seine Verstandeskräfte unter der Krankheit gelitten hätten. Und in der That ging der Zwischenfall vorüber, ohne weitere Folgen zu haben. Zwar machte der König noch am 8. August die Bemerkung, daß er bis zum Ende seines Lebens herrschen werde und daß Hertzberg zu warten habe, bis die Reihe zu regieren an ihn gekommen sei, jedoch schon am nächsten Tage ließ er den Minister rufen und sprach mit ihm in gnädiger und vertraulicher Weise über die allgemeine politische Lage.**) Es war das erste und das letzte Mal in dieser Krankheit. Aber auch jetzt erfolgten keine besonderen Mitteilungen oder Befehle, wie Hertzberg und der Prinz von Preußen sie angesichts des nahen Endes erwarteten. Es scheint, daß Friedrich, wenn er überhaupt noch irgendwelche Dispositionen für den Fall seines Todes zu treffen hatte, den Moment hierfür noch nicht gekommen glaubte, denn er äußerte damals wiederholt die Hoffnung, noch eine Reihe von Jahren zu leben. Indessen machte die tödliche Krankheit unaufhaltsame Fortschritte, ohne daß man eine Abnahme der geistigen Kräfte des Sterbenden wahrnahm. Noch am 15. August schreibt Hertzberg den preußischen Gesandten im Haag und in Paris: „Der König will hier nichts von Ratschlägen wissen, namentlich auch nicht seitens des Ministeriums; man scheitert

---

*) Brief Hertzbergs an Thulemeier vom 5. August 1786.

**) Briefe Hertzbergs an Thulemeier vom 8., an den Prinzen von Preußen vom 9. August 1786.

fast immer, wenn man ihm Ideen vorschlagen will, die er nicht selbst hat." Am 17. August frühmorgens trat der Tod ein, der Minister war bei der Agonie anwesend,*) während der in Eile herbeigerufene Prinz von Preußen in Sanssouci erst eintraf, nachdem sein großer Oheim die Augen geschlossen hatte. Hertzberg geleitete ihn in das Sterbezimmer und durfte als Erster dem neuen Könige huldigen.

II. Hertzbergs Verkehr mit dem Thronfolger.

Mit der Thronbesteigung Friedrich Wilhelms II. vollzog sich ein Umschwung in den Geschicken Preußens. Hertzberg glaubte, daß auch für ihn sowohl in seiner persönlichen Stellung wie in seiner staats‍männischen Wirksamkeit eine neue Zeit mit glänzenden Aussichten an‍gebrochen sei. Jetzt endlich durfte er hoffen, für seine hochfliegenden Entwürfe in der auswärtigen Politik freie Hand zu erhalten und in Wahrheit Premierminister zu werden, nachdem er unter Friedrich II. so viele Jahre trotz des ministeriellen Titels doch nur premier commis gewesen war. Lange hatte er sich auf die leitende Rolle vorbereitet, die er unter dem neuen Herrscher zu spielen erwartete. Friedrich Wilhelm II. war als präsumtiver Thronfolger von den Staatsgeschäften ferngehalten, nachdem Friedrich der Große, der sich anfangs mit der Erziehung seines Neffen eingehend beschäftigte und ihn nach dem Siebenjährigen Kriege eine Zeit lang den gemeinschaftlichen Sitzungen der höchsten Regierungsbehörden beiwohnen ließ, von dessen Fähigkeiten und Charakter eine ungünstige Meinung gefaßt hatte. Zwar schien sich das Verhältnis in den letzten Lebensjahren des Königs etwas zu bessern, als der Prinz in dem bayerischen Erbfolgekriege unter schwie‍rigen Umständen große Umsicht und militärisches Talent bewiesen so‍wie im Jahre 1780 eine diplomatische Mission am russischen Hofe zur Zufriedenheit Friedrichs durchgeführt hatte. Damals nach der Rückkehr des Prinzen aus Petersburg soll der König von ihm gesagt haben: „Voilà un successeur, qui me recommencera" — ein Lob, das Hertzberg in den ersten Zeiten der Herrschaft Friedrich Wilhelms II. gern citierte. Jedoch nahmen die persönlichen Beziehungen zwischen dem regierenden Könige und dem Thronfolger auch später keinen ver‍traulichen Charakter an, letzterer wurde nur selten in die Nähe seines Oheims berufen und sah sich nach wie vor von jeder Kenntnis und

---
*) „Des großen Toten Haupt — sank sanft an Hertzbergs Brust — der Erdenbürd' entlastet." Aus Schubarts Hymne: „Friedrichs Tod". 1786.

Teilnahme an den Regierungsangelegenheiten ausgeschlossen. Selbstverständlich war das Beispiel des Königs für das Verhalten seiner Minister gegenüber dem Prinzen von Preußen maßgebend. Sie vermieden sorgfältig, durch einen amtlichen oder privaten Verkehr mit dem Thronfolger den Argwohn und das Mißfallen des Monarchen zu erregen. Nur Hertzberg machte eine Ausnahme und hat dieses Wagnis dem nachmaligen Könige oft genug vorgehalten, als es zwischen diesem und ihm zu Zerwürfnissen gekommen war.

Ein intimer und regelmäßiger Verkehr des Ministers mit dem Prinzen von Preußen scheint erst im Jahre 1779 nach dem Teschener Frieden eingetreten zu sein, doch müssen bereits vorher Beziehungen zwischen ihnen bestanden haben, die auch der Öffentlichkeit nicht verborgen blieben, denn schon im Januar 1776, als Friedrich II. lebensgefährlich erkrankt war, nennt ein englischer Gesandtschaftsbericht*) aus Berlin unter den mutmaßlichen Ministern des Thronfolgers in erster Linie Hertzberg, der als ein Mann von großer Thätigkeit und gesundem Verstande bezeichnet wird. In das Jahr 1779 fällt die Überreichung der ersten Hertzbergschen Denkschrift an den Prinzen: „Über das System politischer Grundsätze, deren Beobachtung für den König von Preußen zweckmäßig ist". In dieser Denkschrift, die sich ausführlich über die äußere und innere Politik verbreitet und vom Prinzen als ein kostbarer Schatz bezeichnet wurde, werden auch die Beseitigung der Monopole und der staatlichen Handelsinstitute, die Beschränkung des Werbesystems und die Nationalisierung des Heeres sowie sonstige Reformen auf militärischem und wirtschaftlichem Gebiete vorgeschlagen. Aus dem Jahre 1780 stammt ein auf Wunsch des Prinzen von Hertzberg verfaßtes Memoire, welches die Ideen des Ministers über die vom preußischen Staate zu befolgende Politik enthält. Von 1781 bis zum Tode Friedrichs des Großen hat dann eine lebhafte Privatkorrespondenz, von der ein Teil aus dem Nachlaß von Hertzberg in das Geheime Staatsarchiv gekommen ist, zwischen dem Prinzen und dem Minister stattgefunden. Die Schreiben des ersteren sind fast immer eigenhändig, wogegen der vielbeschäftigte Hertzberg sich in der Regel eines Sekretärs bedient. Beide schreiben ausnahmslos französisch, eine Sprache, die dem Prinzen von Preußen auch im mündlichen Verkehr stets geläufiger blieb als das Deutsche und in der er sich schriftlich mit Gewandtheit und nicht ohne Eleganz ausdrückte, freilich auch,

---

*) Abgedruckt in F. Raumer: „Beiträge zur neueren Geschichte." Band V., Seiten 297 und 298.

wie Friedrich der Große und dessen Bruder, Prinz Heinrich, unter souveräner Verachtung aller orthographischen Regeln.

Der Ton der Briefe des Prinzen ist ein sehr gnädiger und freundschaftlicher, er unterzeichnet sich stets „votre très affectionné ami" und spricht Hertzberg wiederholt sein Vertrauen und seine Dankbarkeit aus.

Was den Inhalt des Briefwechsels betrifft, so steht unter den politischen Angelegenheiten, über welche der Minister berichtet, das Verhältnis zu Rußland in erster Linie. Es war damals die Zeit, in welcher die Kaiserin Katharina sich von dem bisherigen preußischen Verbündeten abwandte und ein Bündnis mit Joseph II. schloß, von welchem sie eine Unterstützung ihrer Orientpolitik, vor allem ihres Lieblingsplanes, ein griechisches Kaiserreich mit Konstantinopel als Hauptstadt zu gründen, erwartete. Friedrich II. suchte vergebens die überwiegenden Vorzüge einer Fortdauer des preußischen Bündnisses in Petersburg geltend zu machen. Hertzberg, gleichfalls ein überzeugter Anhänger der russenfreundlichen Politik, befürwortete, hauptsächlich zu dem Zweck einer politischen Annäherung an Rußland, den Beitritt Preußens zu dem von Katharina vorgeschlagenen System der bewaffneten Neutralität der Seemächte, gegen welches der König anfänglich Bedenken hatte.*) Katharina blieb jedoch für alle Vorstellungen und Freundschaftsbeweise Preußens unzugänglich: am 4. Juli 1783 erfolgte in Berlin die amtliche Anzeige von dem Abschluß des russischen Bündnisses mit Österreich, was den König zu der Bemerkung veranlaßte: „Nous voilà congédié de la cour de Pétersbourg". Hertzberg machte von diesem Ereignis schon am nächsten Tage dem Prinzen Mitteilung und äußerte dazu, daß Preußen sein offiziell weiterbestehendes Bündnis mit Rußland nicht sofort aufgeben und nicht zu schnell ein solches mit Frankreich suchen müsse. Rußland und Österreich würden sich früher oder später über die Teilung ihrer orientalischen Eroberungen entzweien, dann könne Preußen intervenieren, sei es auf gütlichem Wege oder mit Gewalt.**) Diese Auffassung

---

*) Brief Hertzbergs an den Prinzen von Preußen vom 11. Juni 1781. Die preußische Unterzeichnung der seerechtlichen Deklaration war am 8. Mai 1781 erfolgt, bei welcher Gelegenheit die russischen Bevollmächtigten ein Geldgeschenk von 70000 Thalern erhielten.

**) Einen ähnlichen Gedankengang enthält der Immediatbericht Hertzbergs an den König vom 3. September 1783, worin namentlich vor dem Abschluß des Bündnisses mit Frankreich gewarnt wird. Vergl. P. Bailleu: „Der Ursprung des deutschen Fürstenbundes". Historische Zeitschrift, Band 41, Seite 428.

wurde auch von dem Prinzen geteilt, der unter dem 24. September 1783 an Hertzberg meldet, der König rüste sich zum Kriege für das nächste Jahr. Es sei jedoch besser, zu warten, bis die Ostmächte sich tiefer in ihre türkischen Eroberungspläne verstrickt hätten, sonst würde Österreich, vielleicht von Rußland unterstützt, seine ganze Macht gegen Preußen kehren und ein verderblicher Krieg entstehen, den man dann nur im Einvernehmen mit Frankreich führen könne. Der Prinz fügt hinzu, daß er über die Sachlage dem Großfürsten Paul von Rußland, mit dem er in Petersburg enge Freundschaft geschlossen hatte,*) einen offenherzigen und freundschaftlichen Brief schreiben werde. Im weiteren Verlauf der orientalischen Krise schickte Hertzberg dem Prinzen Abschriften von preußischen Gesandtschaftsberichten aus Petersburg, Wien, Dresden, Paris und Konstantinopel mit der Bitte, sie nach Durchsicht zu verbrennen, und unterrichtet denselben über den Verlauf der Verhandlungen mit Frankreich wegen eines Defensivbündnisses, zu welchem Friedrich, um nicht isoliert zu bleiben, im Oktober 1783 bereit war, während Frankreich schließlich ablehnte und an dem Versailler Vertrag mit Österreich festhielt. Hertzberg schreibt hierzu: „Ein Teil dieser Unzuträglichkeiten (inconvénients) hätte meiner Ansicht nach vermieden werden können durch Annahme des Planes, den ich vorgeschlagen habe, den man jedoch nicht der geringsten Aufmerksamkeit für wert gehalten hat. Preußen", meint der Minister, „wird, wenn es seine Kräfte zusammenhält, für den Ernstfall stets Verbündete finden, weil es für das Gleichgewicht von Europa notwendig ist. Ich fürchte daher nichts von unseren Feinden, solange wir von dem Könige regiert sind und hoffen können, einst von Eurer Königlichen Hoheit regiert zu werden."

In der Korrespondenz über die holländischen Angelegenheiten handelt es sich hauptsächlich um die von der Prinzessin Wilhelmine von Oranien vorgeschlagene Entsendung Hertzbergs nach dem Haag, um dort als Vertrauensperson in den Streitigkeiten zwischen dem Statthalter und der Patriotenpartei zu vermitteln. Der Prinz befürwortete diesen Plan seiner Schwester lebhaft und drängte Hertzberg, die Mission zu übernehmen. Letzterer glaubte anfangs in Berlin nicht abkömmlich zu sein und befürchtete außerdem, daß der König Bedenken tragen werde, ihn mit politischen Aufträgen nach Holland zu schicken, „denn man hat dem Könige einmal die Idee beigebracht,

---

*) Noch am 19. Dezember 1796, im letzten Jahre seiner Regierung, schrieb er demselben: „Nous nous jurâmes une amitié éternelle".

als besitze ich einen eigensinnigen und zu heftigen Charakter, was man mit Patriotismus und ehrlicher Festigkeit zu verwechseln beliebt". Da die Prinzessin Wilhelmine jedoch wiederholt auf ihren Wunsch zurückkam, Hertzberg in Holland zu sehen und dessen gute Ratschläge zu hören, so entschloß er sich schließlich, in einer langen und pathetischen Eingabe seine Entsendung nach dem Haag vorzuschlagen.*) Der König erklärte sich einverstanden mit einer Sommerreise des Ministers nach Holland, doch sollte dessen dortige Anwesenheit keinen offiziellen Charakter tragen. Obgleich Friedrich sich auf eine aktive Unterstützung des Hauses Oranien nicht einlassen wollte, gelang es Hertzberg doch durchzusetzen, daß einige preußische Noten im Tone nachbarlicher Teilnahme an die Generalstaaten gerichtet wurden, die dort nicht ohne Eindruck blieben. Der Prinz sprach am 18. April 1786 ausdrücklich seine Zufriedenheit mit der Haltung des Ministers in der holländischen Sache aus: "Seien Sie überzeugt, daß weder die Zeit noch die Einflüsterungen Ihrer Feinde jemals meine gerechte Meinung von Ihren Verdiensten vermindern werden."

Am meisten in den Vordergrund tritt der Prinz bei dem Briefwechsel über den Fürstenbund, für welchen im Juli 1783 der Markgraf von Baden und der Fürst von Anhalt-Dessau den preußischen Thronfolger im Geheimen zu interessieren versuchten. Der Prinz ging lebhaft auf die Idee ein, fand einen solchen Bund unter dem Schutze Preußens "sehr nützlich, namentlich für den Fall eines Krieges," und lobte Hertzberg gegenüber die wahrhaft patriotischen Gefühle der beteiligten Fürsten.

Die Antwort des Ministers vom 5. Juli lautet zunächst ziemlich kühl. Auch er findet die Idee gut, meint aber, man müsse die Ausführung vertagen bis zur Klarstellung des preußischen Bündnisverhältnisses mit Rußland. Die wirklichen Kräfte der deutschen Fürsten und selbst deren Gesinnung geben zu Zweifeln Anlaß, der Bund sei zu bilden unter den Auspizien Preußens und derjenigen auswärtigen Macht, welche mit Preußen verbündet sein würde. Ähnlich äußerte sich Hertzberg gegen den zweibrückenschen Minister Hofenfels, der im

---

*) In welchen elegischen Ton Hertzberg schon damals verfiel, wenn es sich um seine persönlichen Angelegenheiten handelte, zeigt die folgende Stelle aus dieser vom 2. April 1784 datierten Eingabe: „Je serai tout ce que me sera possible avec un corps usé par 40 ans de travail non discontinué même pendant de grandes maladies et avec une âme, qui n'a d'autre encouragement que dans la conscience de sa rectitude et de son zele pour le service de l'État".

Herbst 1783 mit Vorschlägen über eine engere Vereinigung der deutschen Fürsten in Berlin erschien und außerdem den Auftrag hatte, eine Anleihe für den verschwenderischen und in steter Geldverlegenheit befindlichen Herzog Karl aufzunehmen. Der Prinz von Preußen verwendete sich, namentlich mit Rücksicht auf das Zustandekommen des Fürstenbundes, bei Hertzberg für die Gewährung einer Geldunterstützung, der Minister erwiderte jedoch, daß niemand es wagen würde, dem Könige eine Anleihe an den Herzog vorzuschlagen.*) Auch mit den Höfen von Braunschweig, Gotha und Weimar trat der Prinz in Korrespondenz wegen des Fürstenbundes und erwarb sich, wie Hertzberg in seinem Schreiben vom 16. April 1785 mit Recht hervorhebt, das unzweifelhafte Verdienst, eine Anzahl von Fürsten zum Beitritt bewogen zu haben. Der Bund kam allerdings erst zu Stande, nachdem Friedrich, besorgt über die zunehmende Isolierung Preußens unter den europäischen Mächten, den Schwerpunkt seiner Politik nach Deutschland zu verlegen beschloß und in der bekannten Kabinets-Ordre vom 6. März 1784 seine Minister anwies, die Verhandlungen mit den Reichsfürsten zu eröffnen. Über den Fortgang der Angelegenheit läßt sich der Prinz regelmäßig von Hertzberg unterrichten und schreibt ihm, als der Vertrag am 23. Juli 1785 vollzogen war, am nächsten Tage, daß der Erfolg des Fürstenbundes, den er stets brennend gewünscht habe, durch die Weisheit und den patriotischen Eifer des Ministers herbeigeführt sei. Er scherzt über den Herzog von Weimar, der wegen der Union plötzlich in einen panischen, ihm offenbar durch eine Kreatur des Wiener Hofes eingeflößten Schrecken geraten sei. Der Bund zeichne sich durch eine solche Mäßigung aus, daß jeder, der nicht ein erklärter Feind der deutschen Freiheit sei, ihn billigen müsse. Hertzberg freilich hatte auch bei dieser Gelegenheit über Zurücksetzung seitens des Königs zu klagen. „Der König behandelt mich, als ob ich nichts und der Graf Finckenstein alles thäte." An letzteren seien sämtliche Kabinets-Ordres in Sachen des Fürstenbundes gerichtet. Hertzberg schließt daraus, daß Friedrich ihm sein Vertrauen entzogen

---

*) Trotz dieser Ablehnung verfolgte der Prinz die Geldaffaire auf eigene Hand weiter und entsandte seinen Adjutanten Bischoffwerder mit 100 000 Dukaten, die er ungeachtet der eigenen, bei seinem Regierungsantritt auf 10 Millionen Thaler geschätzten Verschuldung aufzutreiben gewußt hatte, nach Karlsburg, um diese Summe dem leichtsinnigen Herzog anzubieten. Nach seiner Thronbesteigung bewilligte Friedrich Wilhelm II. dem Herzoge ein vierprozentiges Anlehen von 1 100 000 Thalern in Gold.

und daß man ihn verleumdet habe. Er führe sein undankbares Amt nur in der Hoffnung fort, die Billigung des Prinzen zu verdienen. Auch sachlicher Tadel über die Politik des großen Königs findet sich nicht selten in diesen vertraulichen Briefen an den Thronfolger. So behauptet der Minister, daß sowohl der Siebenjährige als der Bayerische Erbfolgekrieg durch eine feste und zielbewußte Haltung Preußens hätte vermieden werden können. Über das Vorgehen des Königs in den langjährigen Streitigkeiten mit der Stadt Danzig wird bemerkt: „So verlieren wir Schritt für Schritt den Ruf der Stärke und Festigkeit, den wir einst hatten und der die einzige Grundlage bildet für unsern Staat von mittlerem Range." Gelegentlich der Schwankungen der preußischen Politik in der orientalischen Krisis nach dem Vertrage von Ainali-Kawak schreibt Hertzberg: „Wir leben nur von einem Tag zum andern, ohne ein folgerichtiges System innezuhalten". Über die Versuche der Kaiserin Katharina im Sommer 1783 ein Bündnis Rußlands mit Schweden und Dänemark unter Beitritt von England herbeizuführen, wird berichtet, daß der König darüber nicht beunruhigt sei und einer neuen Gruppierung der nordischen Mächte wenig Bedeutung beilege. Hertzberg dagegen halte die Lage für eine kritische, habe jedoch keine Gelegenheit gehabt sich zu äußern, da er nicht zu Rate gezogen sei; er hoffe, daß Dänemark noch eines Tages für das preußische System gewonnen werden könne.*) Der Prinz besaß zu viel Taktgefühl oder Vorsicht, um auf solche gegen seinen Oheim gerichtete Kritik einzugehen. Er beschränkte sich auf die Rolle eines aufmerksamen Beobachters und ließ sich über die politischen Äußerungen des Königs genau informieren, ohne seinerseits ein zustimmendes oder abweichendes Urteil auszusprechen. Jedoch teilt er Hertzberg gelegentlich mit, daß der König seit einigen Tagen nachdenklich und schweigsam sei, weder über Politik spreche noch wolle, daß andere in seiner Gegenwart darüber sprechen. „Er handelt gewöhnlich so," fügt der Prinz hinzu, „wenn die Politik ihn ernstlich beschäftigt".

Für die in Hertzbergs Briefen immer wiederkehrenden Klagen persönlicher Natur hat der Prinz von Zeit zu Zeit ein tröstendes Wort, aber er beobachtet auch hier große Zurückhaltung, und man kann aus der Kürze und Allgemeinheit seiner Antworten entnehmen, wie wenig sympathisch ihm der Gegenstand ist. Bezeichnend hierfür ist ein in der vorliegenden Korrespondenz besprochener Zwischenfall, der

---

*) Briefe Hertzbergs vom 12. August, 25. September, 20. Oktober 1783 und 28. April 1784.

durch eine Fehde Hertzbergs mit dem französischen Sprachlehrer La Beaux herbeigeführt war. Dieser, Herausgeber eines in Berlin erscheinenden Journals, hatte es sich zur Aufgabe gemacht, die innerhalb der dortigen französischen Kolonie und in den Veröffentlichungen der Akademie der Wissenschaften vorkommenden Sprachwidrigkeiten und Verstöße gegen die französische Grammatik zu geißeln. Als er unter diesem Gesichtspunkte auch Hertzbergsche Schriften angriff, beschwerte sich der Minister bei Friedrich II. und verlangte ein amtliches Einschreiten gegen den unberufenen Kritiker. Der König lehnte dies jedoch ab mit der Motivierung, Hertzberg habe andere und wichtigere Geschäfte, als daß er in der französischen Grammatik so zu Hause sein könne wie ein Sprachlehrer. Seine Staatsschriften würden durch einzelne Sprachfehler nichts von ihrem Wert einbüßen, ein Tadel derselben könne daher den Minister nicht beleidigen. Durch diese königliche Entscheidung nicht beruhigt, schüttet Hertzberg in einem ausführlichen Briefe vom 11. April 1784 sein Herz dem Prinzen über die erlittene Kränkung aus. Zunächst zählt er in langer Reihe die eigenen Verdienste auf. Seit 1745 sei er Beamter, immer uneigennützig und vom größten Eifer beseelt. Seit 1756 habe er alle Staatsverträge abgeschlossen, nach der Schlacht von Kollin die Formation von Miliz-Bataillonen angeregt und dem Könige eine Vermehrung des Heeres durch einheimische Rekruten vorgeschlagen. „J'ai fait faire au Roi la paix de Hubertsburg en dictateur, j'ai eu seul et le premier l'idée de l'acquisition de la Prusse orientale," während der König zunächst an die Palatinate von Posen und Kalisch dachte. Ich diente dem Staat auf Kosten meiner Börse und meiner Gesundheit, ohne irgend eine Auszeichnung oder Belohnung gefordert oder gesucht zu haben. Jetzt würden andere Personen vorgezogen. Der elende Sprachlehrer La Beaux habe Hertzbergs Dissertation über die Vorzüge einer freien Monarchie angegriffen und den Minister dadurch im Angesicht von ganz Europa erniedrigt.*) Der Brief schließt mit

---

*) Für La Beaux war die Angelegenheit hiermit nicht beendet. Seine Kritik des Berliner Französisch hatte ihm so viele Feinde gemacht, daß er vorzog, nach Stuttgart überzusiedeln, wo er bei der Militärakademie eine Anstellung fand. Nach dem Tode Friedrichs des Großen veröffentlichte er: „Vie de Frédéric II." Straßburg 1787, ein Buch, welches von dem mit Hertzberg in literarischer Verbindung stehenden Nikolai heftig angegriffen wurde, während Dohm es eines der besten über den König geschriebenen Werke nennt. La Beaux gilt auch als der Verfasser einer satirischen Schrift „Eusebe ou le beau profit de la vertu" einer Nachahmung von Voltaires „Candide ou l'optimisme". Einige Stellen der Schrift wurden auf

Klagen über das Undankbare und Peinliche seiner bisherigen Lauf=
bahn. Die Antwort des Prinzen auf diese Ergießungen lautet lakonisch:
„Seien Sie überzeugt, mein Herr, daß ich vollkommen anerkenne, was
Sie für das Wohl des Staates thun, und wie berechtigt ich den
Gegenstand der Klagen finde, die Sie vortragen".

Wenn man den Gesamtinhalt des Briefwechsels überblickt, so
wird man zugestehen müssen, daß Hertzberg sich nicht ohne Grund der
Hoffnung hingeben durfte, den doppelten Zweck, den er bei seiner
außeramtlichen Berichterstattung an den Prinzen von Preußen ver=
folgte, erreicht zu haben. Er wollte zunächst den Thronfolger, welchen
der König absichtlich von jeder Kenntnis der öffentlichen Angelegen=
heiten ausschloß, über die auswärtigen Beziehungen des Staates und
über die Aufgaben und Ziele der preußischen Politik informieren, um
ihn so nach Hertzbergs Ausdruck für seine hohe Aufgabe vorzubereiten,
er wollte dann auch den eigenen Anschauungen und Grundsätzen, die
von denen des regierenden Herrschers in manchen Punkten abwichen,
bei dem Prinzen rechtzeitig Eingang verschaffen, um sich diesem als
künftigem Ratgeber und Minister zu empfehlen und unentbehrlich zu
machen. In der holländischen Angelegenheit und bei den Verhandlungen
über den Fürstenbund hatte Hertzberg die Wünsche des Prinzen unter=
stützt und sich dessen ausdrückliche Anerkennung erworben, der Meinungs=
austausch über die orientalische Frage und das Verhältnis zu Rußland
hatten im wesentlichen zu einer Übereinstimmung der Ansichten geführt,
das allgemeine politische Programm Hertzbergs war mit Beifall auf=
genommen, wiederholt hatte ihn der Prinz seiner persönlichen Dank=
barkeit und seines Vertrauens versichert, — kurz nach allem schien die
Erwartung berechtigt, daß die durch den Briefwechsel angeknüpfte Ver
bindung unter der neuen Regierung zu einem einträchtigen Zusammen=
wirken zwischen dem Könige und dem Minister führen würde. Aber
in einem Punkte mußte diese Korrespondenz auch eine von Hertzberg
nicht beabsichtigte Wirkung hervorrufen. Sie enthüllte dem Prinzen
neben den Vorzügen auch die Schwächen des Hertzbergschen Charakters,
seine Eitelkeit, seine Überhebung, sein rechthaberisches Wesen, seine
krankhafte Empfindlichkeit gegen Widerspruch und Tadel. Friedrich der

Hertzberg bezogen, der in einem Briefe vom 1. August 1786 an den preußischen
Gesandten Baron Goltz in Paris den Verdacht ausspricht, daß Prinz Heinrich
(certain prince) den Druck dieses gegen den Minister gerichteten Libells ver=
anlaßt habe.

Große hatte diese Eigenschaften ertragen, weil er als der überlegene Geist die Kraft in sich fühlte, den von ihm für den Ministerberuf herangebildeten und erzogenen Hertzberg jeden Augenblick in seine Schranken zurückzuweisen, einem Monarchen von minderer Begabung und Autorität dagegen konnte der Verkehr mit einem so gearteten Minister unbequem werden und, sobald Meinungsverschiedenheiten eintraten, den Wunsch erwecken, sich mit anderen und gefügigeren Dienern für die Ausführung seines Willens zu umgeben.

III. Die ersten Regierungsjahre Friedrich Wilhelms II.

In den ersten Monaten der neuen Regierung schien alles nach den Wünschen Hertzbergs zu gehen, der mit Gunst- und Gnadenbeweisen überhäuft wurde. Als Friedrich Wilhelm II. aus dem Sterbezimmer Friedrichs des Großen sich in das Zimmer Hertzbergs begab, um dort die ersten Regierungsgeschäfte zu erledigen, verlieh er dem Minister die Insignien des Schwarzen Adler-Ordens mit den Worten, er wolle ihm als erstes Zeichen der Dankbarkeit das geben, was dieser bereits früher verdient hätte.*) In der That war es eine Enttäuschung für Hertzberg gewesen, daß er nicht schon nach dem Frieden von Teschen, wie allgemein erwartet wurde, diesen höchsten Orden erhalten hatte. Jetzt benutzte er die günstige Stunde, um dem Könige eine Bitte vorzutragen, die scheinbar nur eine Vereinfachung des Geschäftsganges bei Behandlung der auswärtigen Angelegenheiten, in Wirklichkeit aber eine Stärkung und Sicherstellung des ministeriellen Einflusses gegenüber dem persönlichen Eingreifen des Monarchen bezweckte. Unter Friedrich dem Großen war es üblich geworden, daß die preußischen Vertreter im Auslande außer den ministeriellen Instruktionen auch aus dem königlichen Kabinett immediate Anweisungen erhielten, die häufig für das Ministerium selbst ein Geheimnis blieben oder doch erst nachträglich zu seiner Kenntnis gelangten. Der König billigte jetzt auf den Vorschlag Hertzbergs, daß die gesamte diplomatische Korrespondenz mit den preußischen Gesandten ihm regelmäßig zwei Tage vor Abgang der Post zur Unterschrift und Genehmigung seitens des Ministeriums vorgelegt werden sollte, wobei der Minister hoffte, daß ein Anlaß zu weiteren

---

*) Brief Hertzbergs an den Gesandten Thulemeier vom 19. August 1786. Nach Dohm lauteten die Worte des Königs: „Die erste Handlung seiner Regierung müsse sein, eine Schuld abzutragen, die der Verstorbene hinterlassen habe".

unmittelbaren Instruktionen durch das Kabinett wegfallen würde. Schon eine nahe Zukunft sollte jedoch zeigen, daß diese Hoffnung eine trügerische war.

Auf die Verleihung des Schwarzen Adler-Ordens folgte die Ernennung Hertzbergs zum Kurator der königlich preußischen Akademie der Wissenschaften, eine Ehre, die dieser mit einer auf seine gelehrten Freunde berechneten Koketterie noch höher zu schätzen behauptete als jene Ordensauszeichnung.*)

Der Minister war damals stets in der nächsten Umgebung des Königs, er speiste fast täglich an dessen Tafel, er begleitete ihn nach Königsberg und Breslau, um bei der Huldigung der dortigen Stände anwesend zu sein. In Königsberg erfolgte seine Erhebung in den Grafenstand, eine Auszeichnung, die insofern freilich an Wert verlor, als sie dort gleichzeitig zwölf anderen Personen zu teil wurde. Überhaupt verfuhr Friedrich Wilhelm II. mit der Verleihung von Würden, Adelsprädikaten und Titeln anfangs so verschwenderisch, daß man die zahlreichen Nobilitierten seines ersten Regierungsjahres spottend die Sechsunddachtziger nannte.**)

In der Neumark und in Pommern durfte Hertzberg den König bei Entgegennahme der ständischen Huldigung vertreten, zur großen Genugthuung des Ministers, der auf seine pommersche Abstammung stets besonderen Wert legte und seine engeren Landsleute gern daran erinnerte, wie Friedrich der Große in seinem politischen Testamente seinen Nachfolgern empfohlen habe, daß sie sich vorzüglich auf die pommersche Nation verlassen und dieselbe als die erste Stütze des preußischen Staates ansehen könnten und müßten. Alle diese königlichen Gunstbezeugungen für Hertzberg erweckten in der öffentlichen Meinung, die in ihm den bewährten Träger der Fridericianischen Traditionen auf dem Gebiete der auswärtigen Politik erblickte, ein beifälliges Echo. Der über die Stimmung jener Tage wohlunterrichtete Verfasser der geheimen Briefe über die preußische Staatsverfassung seit der Thronbesteigung

---

*) Über die Entstehungsgeschichte dieser Ernennung enthält Näheres ein Aufsatz von Fr. Nikolai in der Neuen Berliner Monatsschrift Aprilheft 1809: „Veranlassung, daß der Staatsminister v. Hertzberg Kurator der Akademie ward".

**) Hertzberg, nicht zufrieden mit seiner eigenen Standeserhöhung, beantragte, da seine Ehe kinderlos war, in einer Immediateingabe vom 31. Dezember 1786 die Führung des Grafentitels auch für seinen Halbbruder und zwei andere Mitglieder der Familie Hertzberg. Der König verfügte eigenhändig auf das Gesuch: „Accordé avec plaisir à sa famille, par l'estime que je lui porte".

Friedrich Wilhelms II.*) bemerkt, man freue sich mit Recht, daß der König dem Minister v. Hertzberg sein unbegrenztes Vertrauen geschenkt habe, denn der größte Teil des Volkes verehre ihn als einen einsichtsvollen, staatsklugen und erfahrenen Mann.**) Andererseits äußerte sich Hertzberg bei jeder Gelegenheit enthusiastisch über den neuen König, er lobte dessen Tugenden in einem Cirkularschreiben an die preußischen Gesandten aus Anlaß des Thronwechsels und in seinen offiziellen Akademiereden, ja er ging so weit, zu behaupten, Friedrich Wilhelm II. übertreffe seinen Vorgänger, denn er sei ebenso thätig wie dieser, aber zugleich gerechter.

Indessen sollte das persönliche Verhältnis zwischen dem Könige und Hertzberg nicht lange den intimen Charakter bewahren, den es beim Anfang der neuen Regierung trug. Es scheint, daß das stark entwickelte, durch die Ehrungen der letzten Zeit noch gesteigerte Selbstgefühl des Ministers und seine etwas schroffen Formen bei dem Könige im täglichen Verkehr zu Charlottenburg und auf den Reisen schon damals Anstoß erregten und ihm, der keine ministerielle Bevormundung dulden, sondern selbständig und nach eigenem Ermessen regieren wollte, lästig fielen. Dazu kamen die Kabalen und Intriguen gegen Hertzberg in höfischen und politischen Kreisen. Sein unversöhnlichster Feind war der Prinz Heinrich von Preußen, Bruder Friedrichs des Großen, welcher den Minister nicht nur seit langer Zeit persönlich haßte, sondern auch dessen politische Richtung bekämpfte und damals den Ehrgeiz hatte, ihn zu verdrängen, um selbst die leitende Rolle zu spielen. Der

---

*) Die Briefe erschienen 1787 anonym mit der Bezeichnung von Utrecht als Druckort. Als Verfasser wird der Geheime Finanzrat v. Borcke genannt. Derselbe scheint identisch zu sein mit dem in den Briefen selbst vorkommenden und dort Bork geschriebenen ehemaligen commissaire de commerce bei dem Generaldirektorium in Berlin, gegen den wegen einer Schrift über die Tabaksferme ein fiskalischer Prozeß eingeleitet, dann aber wieder niedergeschlagen wurde.

**) Auch an poetischen Wünschen für die Fortdauer des Ministeriums Hertzberg fehlte es nicht. Unter der Überschrift: „An Seine Excellenz den Herrn Grafen v. Hertzberg 1786" veröffentlichte das von Fischer und Kieni herausgegebene „Berlinische Journal für Aufklärung" eine Ode von Blume, in welcher es hieß:

Leite doch ferner, von Europens Piloten,
O, du der Weisesten einer, gebildet durch langer
Zeiten Erfahrung, Friedrichs des selten getäuschten
Seelenerforschers und Friedrich Wilhelms Vertrauter,
Leite den Lauf des bewunderten Kieles doch ferner,
Daß er den Trug verborgener Scheeren vermeide.
Meide des Felsenufers gefährliche Brandung.

Prinz galt für das Haupt der sogenannten französischen Partei am preußischen Hofe, zu der auch Graf Finckenstein und einige einflußreiche Militärs gerechnet wurden, und für einen entschiedenen Gegner des Fürstenbundes. Er hatte sich schon bei Lebzeiten Friedrichs des Großen dem Thronfolger zu nähern gesucht und militärische und politische Denkschriften übersandt, worin Hertzbergs Persönlichkeit angegriffen, vor dem Fürstenbund gewarnt und ein Bündnis mit Österreich und Frankreich empfohlen war. Hertzberg, hiervon unterrichtet, verteidigte sich damals in einer längeren Unterredung mit dem Prinzen von Preußen, der ihm erklärte, derartige persönliche Insinuationen zu verachten, bei den Grundsätzen des gegenwärtigen Systems und des Fürstenbundes bleiben und hauptsächlich das gute Verhältnis zu dem russischen Hofe pflegen zu wollen.*) Nach der Thronbesteigung Friedrich Wilhelms II. erneuerte Prinz Heinrich seine Ratschläge und Warnungen. Der Gegensatz zwischen ihm und Hertzberg war auch in diplomatischen Kreisen so offenkundig, daß Kaunitz in der ersten Instruktion, die er nach dem Tode Friedrichs II. dem österreichischen Gesandten in Berlin, Fürsten Reuß, schickte, als besonders wichtig hervorhob, zu erfahren, „ob und welchen Einfluß der ganz französisch gesinnte Prinz Heinrich bei dem Könige gewinnen wird, weil hiervon abhängt, ob und inwiefern Baron Hertzberg mit seinen Grundsätzen durchdringen wird". Der Gesandte, welchem bekannt war, daß Hertzberg schon seit Jahren einen vertraulichen Briefwechsel über alle politischen Angelegenheiten mit dem jetzigen König unterhalten hatte, meldete zunächst, daß jener die Oberhand gewonnen habe und die meisten Geschäfte vermutlich durch ihn gehen würden. Doch galt die Stellung des Ministers für so wenig gesichert, daß der allerdings etwas exzentrische russische Gesandte in Berlin, Graf Romanzoff, schon im Oktober 1786 in einer Unterredung mit dem Fürsten Reuß, über welche dieser nach Wien berichtete, den Gedanken hinwarf, Hertzberg zu stürzen, und dabei meinte, es würde nicht viel Mühe kosten. Auch Mirabeau, der mit dem Prinzen Heinrich im vertrauten Verkehr stand und den früher mit Lobsprüchen überhäuften Minister nach dem Mißlingen des Planes, ihn für das französische Bündnis zu gewinnen, mit dem Scharfsinn des Hasses beobachtete, meldete Ende Oktober nach Paris: „Hertzberg est toujours en baisse".**)

---

*) Eine Aufzeichnung Hertzbergs über diese Unterredung, die am 31. Juli 1786 stattfand, befindet sich in den Akten des Geheimen Staats-Archivs.

**) Dagegen am 5. Dezember 1786: „Hertzberg regagne de la confiance", im Januar 1787: „Le crédit de Hertzberg est nul".

Letzterer sollte auf der Reise nach Schlesien wegen seines selbstbewußten und herrischen Auftretens Scenen mit dem Könige gehabt haben, der, wie Mirabeau treffend bemerkt, nichts so fürchtete, als im Rufe zu stehen, von anderen beherrscht zu werden (de passer pour être gouverné).*) Auch von Streitigkeiten zwischen Finckenstein und Hertzberg weiß Mirabeau zu berichten. Jener, der trotz seiner hohen Jahre sehr an seinem Amte hing, empfand es schmerzlich, sich von dem jüngeren Kollegen in der Gunst des Monarchen verdrängt und geschäftlich bei Seite geschoben zu sehen. Auch billigte er dessen Politik weder in der holländischen Angelegenheit, noch in Sachen des Fürstenbundes, noch in der Abwendung von Frankreich.

Aber gefährlicher für Hertzberg als diese Gegner war die beginnende Rivalität des Flügeladjutanten Oberst Bischoffwerder, der, als Bruder Farferus durch die Mysterien des Ordens der Rosenkreuzer schon mit dem Kronprinzen eng verbunden, das unbegrenzte Vertrauen des Königs besaß und überall die Hand im Spiele hatte.

Zwar war Hertzberg klug genug gewesen, mit diesem mächtigen Günstling, der in richtiger Erkenntnis des Charakters Friedrich Wilhelms II. die Maxime, nichts zu scheinen und alles zu sein, befolgte, in ein freundschaftliches Verhältnis zu treten. Durch Bischoffwerders Hände war der vertrauliche Briefwechsel mit dem Prinzen von Preußen gegangen, seinem Beistande war es zu danken, daß die Intriguen des Prinzen Heinrich kurz vor dem Thronwechsel fehlgeschlagen waren. Aber seitdem der ehrgeizige Oberst begonnen hatte, in seiner geräuschlosen und vorsichtigen Weise auch auf die auswärtige Politik, die Hertzberg als seine Domäne betrachtete, einen Einfluß geltend zu machen, mußte es, zumal wenn ernstere Meinungsverschiedenheiten eintraten, früher oder später zu einem Bruch kommen.**)

---

*) Mit fast denselben Worten wird Friedrich Wilhelm II. noch in seinem Todesjahre in einem Bericht des französischen Gesandten Caillard in Berlin vom 11. März 1797 charakterisiert: „Le Roi pour toutes les choses ne veut pas passer pour être gouverné".

**) Der mit Hertzberg befreundete Nikolai bemerkt in dem vorerwähnten Aufsatz über die Ernennung des ersteren zum Akademie=Kurator: „Hertzberg ward anfänglich fast über alle Sachen der Regierung um Rat gefragt und sein Rat gewöhnlich befolgt. Er würde diesen Einfluß viel länger behalten haben und viele Sachen würden ganz anders gegangen sein, wenn er mehr Weltklugheit und weniger Starrsinn besessen hätte, denn der nachher so viel vermögende aber sehr behutsame Bischoffwerder wagte es noch nicht sogleich, entscheidenden Einfluß in die Regierungsgeschäfte haben zu wollen".

Die Beziehungen Hertzbergs zu dem zweiten bevorzugten Günstling des Königs, „dem hochwürdigen Zirkeldirektor Wöllner", gleichfalls einem Mitgliede des Ordens der Rosenkreuzer, waren schon damals gespannte. Dieser früher von Friedrich dem Großen als ein intriguanter Pfaffe gekennzeichnete Mann, übrigens belesen, kenntnisreich und als Schriftsteller auf landwirtschaftlichem Gebiete nicht ohne Verdienste, hatte dem Prinzen von Preußen zwei Jahre hindurch über die Regierungskunst Vorträge gehalten, die alle Zweige der Staatswissenschaften umfaßten und die Anschauungen des Prinzen stark beeinflußt hatten.

Nach der Thronbesteigung Friedrich Wilhelms II. sah sich Wöllner in seinem ziemlich unverhüllt ausgesprochenen Wunsche, Finanzminister zu werden, zunächst enttäuscht und mußte sich mit dem Titel eines Geheimen Finanzrates und mit der Stellung als Chef des Baudepartements begnügen. Er hatte jedoch die Genugthuung, einige der von ihm vorgeschlagenen Verwaltungsreformen, namentlich bezüglich einer anderweitigen Organisation des Generaldirektoriums, ausgeführt zu sehen, und benutzte seine Vertrauensstellung beim Könige, der ihn in den verschiedensten Angelegenheiten um Rat fragte, zu kritischen Bemerkungen über die Geschäftsführung der einzelnen Minister, wobei er die ihm eigene salbungsvolle Art des Ausdrucks mit berechneter Bosheit zu verbinden wußte. So schrieb er dem neuen Herrscher am 9. Oktober 1786: „Ich merke doch, daß alle Minister bis auf den einzigen Werder*), noch den Satan im Herzen haben und ihre Departements-Souveränetät nicht gerne verlieren wollen". Hertzberg scheint die anmaßenden Übergriffe Wöllners, dessen Wunsch, in der Politik zusammen mit Bischoffwerder eine Rolle zu spielen, auch Fürst Reuß gelegentlich erwähnt, zurückgewiesen zu haben. Mirabeau spricht von den hochmütigen Manieren des Ministers gegenüber Wöllner, „le moins oublieur des hommes", und der Verfasser der oben genannten „Geheimen Briefe" führt den Umstand, daß Hertzberg im Jahre 1787 nicht mehr so häufig in der Umgebung des Monarchen war als früher, darauf zurück, daß jener mit seinen Ansichten nicht hinter dem Berge hielt, „besonders in Ansehung des Herrn v. Wöllner und einiger anderer Personen, die sich so gern in vielerlei Geschäfte mischen". Einem Mann von dem Schlage Wöllners, der später als Chef des geistlichen Departements durch sein Religionsedikt vom 9. Juli 1788

---

*) Derselbe war Chef des General-Accise- und Zolldepartements.

einen so unheilvollen Einfluß auf das geistige und wissenschaftliche Leben in Preußen ausübte, war der aufgeklärte Hertzberg ohnehin verdächtig. Dieser ließ sich nie dazu herab, den pietistischen und mystischen Neigungen des Königs entgegenzukommen, wie er es auch verschmähte, den Kreisen zu schmeicheln, in welchen die angebliche Gattin des Kämmerers Ritz,*) die spätere Gräfin Lichtenau, ihre bis zum Tode Friedrich Wilhelms II. behauptete Rolle spielte.

Hertzberg, ohne sicheren Rückhalt in den persönlichen Gesinnungen des Königs und ohne Unterstützung seitens der Hof- und Günstlingspartei, war mithin für die Behauptung seiner Stellung im wesentlichen auf die eigenen Verdienste und auf die Geschicklichkeit angewiesen, mit welcher er seinen königlichen Herrn von der Richtigkeit der politischen Ratschläge, die er ihm gab, zu überzeugen vermochte. Letzteres erwies sich jedoch als weit schwieriger, als der Minister angenommen hatte, der eine übertriebene Vorstellung von der Beweiskraft seiner Denkschriften besaß und in dem Glauben lebte, der König werde als ein dankbarer Schüler mit blindem Vertrauen die Lehren befolgen, die er dem Kronprinzen vorgetragen hatte. Gleich die erste politische Aktion unter der neuen Regierung sollte hierin eine bittere Enttäuschung bringen. Der König hatte die Entsendung des Grafen Görtz als außerordentlichen Bevollmächtigten nach dem Haag genehmigt, um im Einverständnis mit Frankreich eine Aussöhnung zwischen dem oranischen Erbstatthalter und der Patriotenpartei zu vermitteln. Hertzberg, der diese Angelegenheit zu benutzen gedachte, um die niederländische Republik dem französischen Einfluß gänzlich zu entziehen und eine Annäherung zwischen Preußen und England herbeizuführen, riet, die diplomatischen Schritte des Grafen Görtz durch eine sofortige militärische Demonstration zu unterstützen. Der König lehnte dies jedoch zunächst in schroffer Weise ab und erklärte eine Kooperation mit England, gegen die sich Finckenstein ausgesprochen hatte, für verfrüht. Der englische Gesandte in Berlin, Lord Dalrymple, meldete am 6. Januar 1787 nach London, „daß in demselben Maße, als Graf Hertzberg an Vertrauen verliere, der König in seinem Eifer für die holländische Sache nachzulassen scheine". Auch als Friedrich Wilhelm II. wegen einer angeblichen Beleidigung seiner Schwester, der Prinzessin von Oranien, sofortige

---

*) Die übliche aber irrige Schreibart ist Rietz. Schon die Zeitgenossen verfielen in diesen Irrtum. So der Verfasser der obengenannten „Geheimen Briefe", und Goethe, der in seiner Kampagne in Frankreich über eine längere Unterredung mit dem Kämmerer berichtet.

Satisfaktion von den Generalstaaten forderte, hielt er dem Rate Hertzbergs entgegen daran fest, diese mehr persönliche Frage der Genugthuung von der einer Einmischung in die Regierungsverhältnisse der Niederlande zu trennen. Der Minister war über diese Selbständigkeit des Königs so betroffen, daß er an seinen Rücktritt dachte. Die Hartnäckigkeit, mit welcher die Generalstaaten, auf französische Hilfe bauend, die Satisfaktionsforderung des Königs ablehnten, hatte dann den Einmarsch der preußischen Truppen, die schnelle Niederwerfung der Patriotenpartei, die Wiederherstellung der statthalterischen Gewalt nach Maßgabe der Bestimmungen von 1747 und 1766 und im Anschluß daran eine engere Verbindung Preußens mit Holland und England zur Folge. Der Ausgang entsprach mithin den Wünschen Hertzbergs, aber es waren nicht sowohl seine Ratschläge als zufällige Ereignisse gewesen, welche die schließliche Entscheidung des Königs herbeigeführt hatten. Auch die spätere mit den Ereignissen im Orient zusammenhängende Befestigung des Verhältnisses zu den Seemächten durch die Verträge vom 13. Juni und 13. August 1788 vollzog sich nicht unter dem maßgebenden Einfluß und der politischen Leitung von Hertzberg. Die Präliminarien von Loo, welche die Aufrechterhaltung der Unabhängigkeit und der bestehenden Verfassung der Niederlande bezweckten, wurden ohne Zuziehung von Hertzberg auf Grund persönlicher Verhandlungen zwischen Friedrich Wilhelm II., der von Bischoffwerder und dem Gesandten Alvensleben begleitet war, und dem englischen Gesandten Harris, dem späteren Lord Malmesbury, unterzeichnet. Hertzberg fühlte sich durch seine Zurücksetzung und das einseitige Vorgehen des Königs so gekränkt, daß er sich abermals mit Rücktrittsgedanken trug und durch Bischoffwerder beruhigt werden mußte. Zu dem zwei Monate darauf in Berlin abgeschlossenen definitiven Bündnisvertrag hatte Hertzberg einen Entwurf ausgearbeitet, der jedoch von englischer Seite beanstandet wurde. Die weiteren Verhandlungen, von denen Finckenstein ausgeschlossen blieb, hätten ohne die Übereilungen des Königs in Loo vermutlich zu einem für Preußen günstigeren Ergebnis geführt. Jetzt mußte es sich dazu verstehen, auch überseeische Kriege Englands als casus foederis anzuerkennen und Hilfstruppen zu denselben zu stellen, die freilich nicht außerhalb Europas und nur im Verein mit einer englischen Armee von bestimmter Stärke verwandt werden durften. Als Gegenleistung war eine maritime Unterstützung Englands in der Ostsee für den Fall eines preußischen Krieges im Norden vorgesehen.

Wie bei diesen Verhandlungen, so hatte schon vorher bei den Beratungen über eine Ausgestaltung des deutschen Fürstenbundes und bei anderen deutschen Fragen der König durch selbstständige Entschließungen die Absichten Hertzbergs nicht selten durchkreuzt und sich dem ministeriellen Einfluß entzogen. Gelegentlich der Vorbereitungen für die Wahl eines Koadjutors in Mainz bediente sich Friedrich Wilhelm II., ohne das Ministerium zu befragen, der Vermittelung des Herzogs Karl August von Weimar, der zu den Gegnern Hertzbergs gehörte und dessen Haltung sowohl in den Angelegenheiten des Fürstenbundes als bei der holländischen Verwickelung und dem Bündnis mit den Seemächten scharf kritisierte. Der Herzog richtete diese Kritik an die Adresse seines „werten Freundes" Bischoffwerder, welcher vom Könige beauftragt war, eine politische Korrespondenz mit Karl August zu führen. Die Antwort Bischoffwerders war in diesem Falle jedoch noch von Hertzberg inspiriert und hob in einer ausführlichen Darlegung der politischen Lage Europas die Vorteile hervor, die sich für Preußen aus einem Bündnis mit Holland und England, welchem auch die kleineren nordischen Mächte beitreten müßten, ergeben würden. Nur als Haupt des nordischen Systems könne Preußen seine Rolle als Großmacht behaupten.*) Auch in Sachen des Fürstenbundes war Bischoffwerder damals diplomatisch thätig, er hatte wiederholt die Schroffheiten zu mildern, mit denen sich Hertzberg, der diesen Bund nur noch als Mittel zur Verstärkung der europäischen Stellung Preußens verwerten wollte, den Anträgen auf Verbesserung und Ausbildung der Reichsverfassung entgegenstellte. Der Minister hatte sein Interesse für die nationale Seite der deutschen Angelegenheiten, die er als eine crux der hohen Politik bezeichnete, einigermaßen verloren, er lebte und webte nur in seinen Plänen, die Karte Europas umzugestalten und dabei die von ihm für notwendig gehaltene Arrondierung Preußens durchzusetzen.

Schon in seiner Denkschrift für den Prinzen von Preußen aus dem Jahre 1779 hatte er die gelegentliche Rückerwerbung von Schwedisch-Pommern gegen eine Geldabfindung und die Erlangung von Danzig und Thorn für Preußen ins Auge gefaßt. Letzteres sollte in der Weise bewirkt werden, daß Polen zum Ersatz das bei der ersten Teilung an Österreich verlorene Galizien zurückerhielte, wogegen Österreich durch türkische Gebietsteile zu entschädigen sei. Nachdem

---

*) Schreiben Karl Augusts an Bischoffwerder vom 17. Februar und dessen Antwort vom 29. Februar 1788.

die holländische Verwickelung in einer für das Ansehen Preußens so vorteilhaften Weise beigelegt und der König infolge des leicht errungenen Triumphes in einer gehobenen und thatenfrohen Stimmung war, kam Hertzberg bei dem Ausbruch des russischen Krieges gegen die Türkei auf diese Gedanken zurück. In einer Denkschrift vom 15. Dezember 1787 unterbreitete er dem Könige einen „plan et arrangement général", worin er das Mittel gefunden zu haben glaubte, selbst die sich widersprechendsten Interessen aller Mächte auszugleichen, Preußen ohne Krieg den Erwerb von Danzig, Thorn und den Palatinaten von Posen und Kalisch zu verschaffen und damit jene Abrundung und Ausdehnung, die ihm bisher fehle und künftig einen überwiegenden Einfluß in Polen sichern werde. Der Plan, der später in vielfachen neuen Denkschriften wiederholt und nach den wechselnden Aussichten des orientalischen Krieges modifiziert wurde, bestand im wesentlichen darin, daß die Türkei an Österreich die Moldau und Wallachei, an Rußland die Krim, Bessarabien und den Distrikt von Oczakoff abtreten, daß Galizien an Polen zurückfallen und Preußen die schon genannten polnischen Gebietsteile erhalten sollte. Außerdem sollte Rußland nach Maßgabe des Friedens von Nystedt ein Stück von Finnland an Schweden zurückgeben und letzteres dafür sowie gegen eine Geldentschädigung von einigen Millionen Thalern auf seinen pommerschen Besitz zu Gunsten Preußens verzichten. Hertzberg machte sich anheischig, diese Kombination vor dem Könige in Gegenwart des Generals Möllendorff und des Grafen Finckenstein*) näher zu begründen und die leichte und ungefährliche Möglichkeit ihrer Ausführung zu beweisen. Die Denkschrift schloß mit der schon stereotyp gewordenen Aufzählung der bisherigen Verdienste Hertzbergs um den Staat und mit der Stellung der Vertrauensfrage: „Will der König dem Plan nicht näher treten, so muß ich auf alles verzichten und mich mit dem Bewußtsein meiner Rechtschaffenheit und meines patriotischen und uneigennützigen Eifers trösten."

Diese Ideen, die Friedrich der Große wohl als eine Karrikatur seiner nüchternen Staatskunst bezeichnet hätte, und die selbst in dem Zeitalter des Länderabtausches**) nach dem Prinzip des Gleichgewichts etwas phantastisch klangen, wurden von Friedrich Wilhelm II. nicht

---

*) Der Name des Herzogs von Braunschweig ist in dem Konzept der Denkschrift als dritter genannt, aber dann wieder ausgestrichen.

**) Auch Kaunitz hatte in einer Denkschrift vom 3. Dezember 1768 für möglich gehalten, daß Preußen das eroberte Schlesien freiwillig an Österreich zurückgeben und dafür durch Kurland und ein Stück Polen entschädigt werden könne.

sofort zurückgewiesen, obgleich die in das Geheimnis gezogenen preußischen Gesandten darin nicht, wie Hertzberg selbst, „das Ei des Kolumbus" erkennen wollten, sondern lauten Widerspruch erhoben. Der Minister wurde vielmehr nach einiger Zeit auf sein erneutes Drängen in einem eigenhändigen Schreiben des Königs vom 10. März 1788 zu einer Besprechung über die gegenwärtige politische Lage nach Charlottenburg befohlen und ersucht, eine Karte von Polen mitzubringen zur Veranschaulichung seiner Ideen über das Tauschprojekt. Das Ergebnis dieser Besprechung ist am folgenden Tage von Hertzberg in einer Aktennotiz niedergelegt, worin es heißt, daß sein ganzer Plan der Teilung und Vergrößerung dem Könige sehr gefallen habe. Bei derselben Gelegenheit genehmigte letzterer die Entsendung des Oberst Götze nach Konstantinopel, um zu verhindern, daß die Türkei, welche durch die im Februar 1788 erfolgte Kriegserklärung des mit Rußland verbündeten Österreich in eine bedrängte Lage zu geraten schien, einen übereilten Frieden ohne die Zuziehung Preußens abschließe. Das von Hertzberg längst gewünschte entschiedenere Eingreifen in die orientalischen Verhältnisse erschien jetzt auch dem Könige geboten, nachdem in eben diesen Tagen Rußland die von der preußischen Regierung angebotenen guten Dienste zur Vermittelung des Friedens mit der Pforte und zu einer allgemeinen Pacifikation definitiv abgelehnt hatte.

Die günstige Aufnahme der Vorschläge Hertzbergs in der erwähnten Charlottenburger Konferenz ermutigte diesen zu einem Vorstoß gegen den Minister Finckenstein, in welchem er den Hauptgegner des großen Planes vermutete. In einer Immediateingabe vom 12. März 1788 beklagte er sich darüber, daß sein Kollege dem Könige in wichtigen politischen Angelegenheiten allein Gutachten und Berichte erstatte, ohne sie, wie es der übliche Geschäftsgang erforderte, Hertzberg zur Kenntnisnahme und Mitzeichnung vorzulegen. Graf Finckenstein wolle sich bei den fremden Gesandten das Ansehen eines Premierministers geben, während Hertzberg doch fast die ganze Arbeitslast des Auswärtigen Departements zu tragen habe. Letzterer fühle sich dadurch den diplomatischen Vertretern gegenüber degradiert und in seiner beschwerlichen Laufbahn erniedrigt und entmutigt. Hertzberg erinnerte daran, daß der König bei der Thronbesteigung ihm aufgetragen habe, einen Plan vorzulegen, wie man sich mit dem Grafen Finckenstein, ohne ihn zu kränken, arrangieren könne. Letzterer handele jetzt ohne alle Rücksichten gegen Hertzberg — „Je l'ai enduré pendant 24 ans, mais on le pousse trop loin". Der König ließ die Klagen unberücksichtigt, da er den erprobten Rat jenes damals 74jährigen, aber noch geistesfrischen Ministers schon als Gegengewicht gegen die oft übereilten Vorschläge Hertzbergs nicht entbehren wollte. Außerdem hatte Finckenstein es verstanden, in einer delikaten persönlichen Angelegenheit die königliche Dankbarkeit zu erwerben, indem er Fräulein v. Voß, die nachmalige Gräfin Ingenheim, deren Bruder eine Finckenstein geheiratet hatte, zur Nachgiebigkeit gegen die Wünsche des Monarchen, der ihr eine Ehe zur linken Hand antrug, zu überreden wußte.

Die übrigen Widersacher seines großen Planes suchte Hertzberg, soweit sie dem Bereich des Auswärtigen Ministeriums angehörten, im Wege einer lebhaften Privatkorrespondenz zu bekehren, freilich nur mit geringem Erfolge. Zwar fehlte es auch in diesen Kreisen nicht an Vertretern einer energischen Politik zum Zwecke der preußischen Machterweiterung, aber niemand hielt es für möglich, ohne kriegerische Zwangsmaßregeln Österreich zur Abtretung von Galizien an Polen zu bewegen oder Rußlands Zustimmung für die Überlassung der Moldau und Wallachei an Österreich oder finnländischer Gebiete an Schweden zu gewinnen. Diese Anhänger der preußischen Kriegspartei schlugen daher nichts Geringeres vor als ein Bündnis Preußens mit der Türkei, Schweden und Polen, um die beiden Kaiserhöfe zur Erfüllung der preußischen Vergrößerungswünsche und zu den sonstigen territorialen Veränderungen mit den Waffen in der Hand zu nötigen. Ein besonders eifriger Vertreter dieser Eroberungspolitik und gleichzeitig ein besonders eifriger Korrespondent Hertzbergs war der preußische Gesandte Diez in Konstantinopel. Derselbe war kein geschulter, für die diplomatische Laufbahn vorgebildeter Beamter, sondern vor seinem Übertritt in den auswärtigen Dienst Kanzleidirektor und Protonotar bei der Regierung in Magdeburg gewesen. Seine Bewerbung um die Stellung eines preußischen Geschäftsträgers in Konstantinopel hatte nur deshalb Erfolg, weil es an anderen geeigneteren Kandidaten fehlte. Außer ihm meldeten sich nur ein Direktor der Tabaksregie und ein invalider Dragoneroffizier, denn unter den preußischen Berufsdiplomaten, die ohnehin bei der fast ausschließlichen Vorliebe des einheimischen Adels für den militärischen Dienst nur in geringer Anzahl vorhanden waren, galt der Posten in Konstantinopel als zu entlegen und zu schlecht bezahlt.*) Diez, seit 1784 in der türkischen Hauptstadt, hatte

---

*) Briefe von Berlin nach Konstantinopel brauchten damals auf der Route über Wien und Warschau einen Monat, auf dem Seewege über Venedig-Ancona oder über Marseille in der Regel zwei Monate. Der Posten des Geschäftsträgers

sich schnell in die Geschäfte eingearbeitet, die Landessprache vollständig erlernt und mit derselben eine so entschieden türkenfreundliche Gesinnung sich angeeignet, daß er die Zurückhaltung, welche Friedrich II. den orientalischen Dingen gegenüber beobachtet wissen wollte, nur schwer ertrug und für die Bethätigung seines amtlichen Ehrgeizes von Hertzberg auf die Zeit nach dem Tode des großen Königs vertröstet werden mußte. Nachdem er von Friedrich Wilhelm II. auf Hertzbergs Empfehlung geadelt und zum Gesandten mit bedeutender Gehaltserhöhung ernannt war, erneuerte er seine Anträge auf eine engere Verbindung zwischen Preußen und der Pforte, ohne sofort Gehör in Berlin zu finden. Selbst sein Gönner Hertzberg urteilte, als die lange drohende Gefahr eines neuen türkischen Konflikts mit Rußland wirklich eingetreten war und Diez die bewaffnete Vermittelung Preußens befürwortete, daß Preußens Lage zwischen den feindlich gesinnten östlichen Kaisermächten es nicht gestatte, sich den unberechenbaren Chancen eines Krieges für die Integrität eines entfernten und halbbarbarischen Landes auszusetzen. Wie erstaunte Diez aber, als ihm Hertzberg als Lösung der orientalischen Frage im tiefsten Geheimnis das große Tauschprojekt mitteilte, wonach der Türkei die Abtretung weiter Ländergebiete an Rußland und Österreich zugemutet wurde, um Preußen den Erwerb von Thorn und Danzig zu ermöglichen. „Nie," schrieb er entrüstet dem Minister zurück, „wird die Pforte sich einem solchen Abkommen fügen, für Preußen kann es keinen größeren politischen Fehler geben, als an einer Schwächung der Türkei mitzuwirken, anstatt im Bunde mit ihr den gemeinsamen Gefahren entgegenzutreten, mit welchen die vereinte Macht von Rußland und Österreich das europäische Gleichgewicht bedroht." Vergebens wies Hertzberg auf die Vorteile der beabsichtigten Kollektivgarantie für den Rest der türkischen Besitzungen hin und auf die Wahrscheinlichkeit einer völligen Zertrümmerung des ottomanischen Reiches in dem ungleichen Kampfe mit den Ostmächten —, Diez blieb bei seiner Ansicht von der Unausführbarkeit der Hertzbergschen Ideen und mußte sich in dem erbitterten Federkriege, der nunmehr zwischen dem Minister und dem für die praktische Politik wenig begabten Gesandten entbrannte, den Vorwurf

---

bei der Pforte war unter Friedrich II. mit 5350 Thalern dotiert, einer durchaus ungenügenden Summe. Der Vorgänger von Diez, Herr v. Gaffron, war so verschuldet, daß er das fiskalische Silberzeug der Gesandtschaft versetzen mußte, um die Kosten einer offiziellen Illumination zu bestreiten. Er nannte Friedrich II. „Le plus grand et le plus économe des rois".

gefallen lassen, daß nur seine Starrköpfigkeit (entêtement) ihn hindere, den großen Plan zu verstehen und zu billigen.

Mehr Verständnis und Unterstützung für seine politischen Gedanken schien Hertzberg bei einem andern preußischen Diplomaten im Auslande zu finden, welcher damals in den glänzenden Anfängen seiner Laufbahn stand, die später in den trübsten Zeiten der preußischen Monarchie nach der Schlacht bei Jena ein so schmähliches Ende nehmen sollte.

Der einer italienischen Patrizierfamilie in Lucca entstammende Marquis Lucchesini, auf Empfehlung d'Alemberts zum Bibliothekar und Vorleser Friedrichs des Großen in dessen letzten Lebensjahren ernannt, war wegen seiner universalen Bildung und seiner weltmännischen Manieren als litterarischer Tafelgenosse von dem Könige sehr geschätzt, der gelegentlich auch politische Dinge mit ihm besprach. Hertzberg lernte ihn schon damals kennen und unterhielt eine Korrespondenz mit ihm, die, nach den vorhandenen Fragmenten zu urteilen, sehr vertraulicher Natur gewesen sein muß. Der Minister lenkte dann die Aufmerksamkeit Friedrich Wilhelms auf die Talente des Marquis, der, wie Fürst Reuß der österreichischen Regierung berichtete, eine einträgliche Stelle suchte. Der König beschloß, ihn in der Diplomatie zu verwenden, und betraute ihn während der Zwistigkeiten der Kurie mit dem Mainzer Erzbischof infolge der Emser Punktation zunächst mit einer Spezialmission nach Rom, die Lucchesini so geschickt durchführte, daß er im Juli 1788, kaum 37 Jahre alt, für den wichtigen und schwierigen Posten des preußischen Gesandten in Petersburg an Stelle des bei Katharina und Graf Ostermann in Ungnade gefallenen Baron Keller auserstehen wurde. Auf dem Wege nach seinem neuen Bestimmungsorte sollte Lucchesini auf Befehl des Königs einige Wochen in Warschau bleiben, um den dortigen preußischen Gesandten Buchholz bei den Bemühungen einer Stärkung der preußenfreundlichen und antirussischen Partei in Polen zu unterstützen. Der Marquis bewies in diesem Intriguenspiel gleich anfangs eine so entschiedene Überlegenheit, daß er unentbehrlich in Warschau erschien, den minder gewandten Buchholz bald völlig in den Hintergrund drängte und schließlich auf seine Petersburger Mission, die er wegen der weiteren Entfernung von Berlin und des rauhen Klimas ohnehin nur mit Widerstreben angetreten hatte, verzichtete, um den Gesandtschaftsposten bei der polnischen Republik zu übernehmen. Lucchesini gehörte zu den Gesandten, die von ihrer auswärtigen Stellung aus Einfluß auf die einheimische Leitung der Politik zu gewinnen wissen. Er war persona gratissima beim Könige, der in wichtigen Angelegenheiten direkt mit ihm korrespondierte, ohne das Ministerium zu fragen oder zu benachrichtigen. Hertzberg schenkte ihm volles Vertrauen, besprach in einem regen brieflichen Verkehr alle Fragen der auswärtigen Politik mit ihm, weihte ihn in alle Hoffnungen und Befürchtungen ein, die dem wechselnden Verhältnis des Ministers zu dem Könige und zu den verschiedenen Parteien am Hofe entsprangen, und legte auf Lucchesinis Urteil größeren Wert, als seine zur bureaukratischen und ministeriellen Unfehlbarkeit neigende Natur sonst fremden Ansichten zugestand. Der private Briefwechsel*) zwischen diesen beiden Männern aus den Jahren 1788 bis 1791 ist daher ein interessanter Beitrag zur Zeitgeschichte und insbesondere zum Verständnis der Politik und des Charakters von Hertzberg.

Natürlich war Lucchesini schon vor seinem Abgang nach Warschau mit dem Geheimnis des großen Planes bekannt gemacht und schien zunächst ganz Beifall und Bewunderung für die umfassenden Kombinationen des Ministers, der versicherte, daß nur auf diesem Wege die preußische Monarchie konsolidiert und alle Welt, einschließlich der Türken „s'ils savent raisonner", zufriedengestellt werden könnte. Hertzbergs Stimmung war in der zweiten Hälfte des Jahres 1788 eine besonders hoffnungsfreudige. Nachdem König Gustav III. von Schweden mit Subsidien der Türkei in den Kampf gegen Rußland eingetreten war, hatte die preußische Politik im Verein mit England durchgesetzt, daß Dänemark, welches auf Anstiften Rußlands ein Hilfsheer in das schwedische Gebiet hatte einrücken lassen, dasselbe wieder zurückzog und seine Neutralität erklären mußte. Obwohl an diesem Ergebnis das energische Auftreten des englischen Gesandten Hugh Elliot in Kopenhagen, der mit dem sofortigen Erscheinen einer englischen Flotte im Sund drohte, einen größeren Anteil hatte als die Noten Hertzbergs, so nahm dieser doch das ganze Verdienst, die Nachgiebigkeit Dänemarks erzwungen zu haben, für sich allein in Anspruch, so daß er bei Schilderung dieser Episode in dem Précis seiner diplomatischen Laufbahn der englischen Mitwirkung überhaupt keine Erwähnung thut. Friedrich Wilhelm II. war mit dem agressiven Vorgehen des Schwedenkönigs gegen Rußland nicht einverstanden gewesen und daher anfangs wenig geneigt, ihm gegen einen dänischen Angriff den Rücken zu decken, doch genehmigte er schließlich die Vorschläge Hertzbergs, der immer wieder darauf zurückkam, daß der König, wie er durch sein erfolgreiches Eingreifen in die holländischen Angelegenheiten das Gleichgewicht im Süden Europas wieder

---

*) Derselbe ist aus dem Nachlaß von Lucchesini in den Besitz des Geheimen Preußischen Staatsarchivs übergegangen.

hergestellt hätte, jetzt die gleiche ruhmvolle Rolle im Norden spielen könne, indem er dem Vordringen der russischen Macht in Schweden und Polen einen Damm entgegensetze. In diesem Sinne wirkte auch Lucchesini in Warschau, dem es in der That gelang, den bis dahin überwiegenden russischen Einfluß in Polen soweit zu verdrängen, daß der dortige Reichstag das von Rußland angebotene Bündnis ablehnte und sich ganz auf die preußische Seite stellte. Am 25. November 1788 konnte Hertzberg triumphierend an Lucchesini schreiben: „Die politische Perspektive ist so glänzend wie möglich für Preußen". Frankreich schien infolge der immer weiter um sich greifenden revolutionären Bewegung auf eine aktive auswärtige Politik für lange Zeit verzichten zu müssen, Österreich, in den verlustreichen orientalischen Krieg verwickelt, war außerdem von inneren Unruhen in Belgien und Ungarn bedroht, so daß sich von allen Seiten die günstigsten Chancen für eine Durchführung der preußischen Vergrößerungspläne boten.

IV. Steigende Entfremdung zwischen Friedrich Wilhelm II. und Hertzberg. Reichenbacher Konvention.

Die weitere Entwickelung der Dinge mußte davon abhängen, ob Friedrich Wilhelm II. entschlossen war, die Vorteile dieser Lage durch ein kriegerisches Vorgehen gegen Österreich rechtzeitig auszunutzen. Eine friedliche Verständigung konnte bei dem Charakter Josefs II. und der Animosität des damals noch allmächtigen Fürsten Kaunitz gegen Preußen nicht für wahrscheinlich gelten. Auch waren die schon Anfang April 1788 von Hertzberg dem Fürsten Reuß vertraulich auseinandergesetzten Projekte einer Abtretung Galiziens an Polen gegen den Erwerb der Moldau und Wallachei für Österreich in unzweideutiger Weise von der Hofburg zurückgewiesen. Die Stimmung des Königs schwankte im Frühjahr und Sommer 1789 fortwährend. Hertzberg empfand schmerzlich, daß er die persönliche Fühlung mit dem Monarchen mehr und mehr verloren hatte. Derselbe, so klagte er, beobachte ihm gegenüber ein zurückhaltendes und schweigsames Wesen, sehe die Minister selten, zeichne die ihm vorgelegten Depeschen, aber man sei nie sicher, ob nicht entgegengesetzte Immediatbefehle erteilt würden. Als Graf Finckenstein sich aus seiner lange beobachteten Reserve wieder vorwagte und die Pläne Hertzbergs als unausführbar und chimärisch kritisierte, verteidigte dieser sich in einer langen Denkschrift vom 3. April, worauf der König erwiderte, er wolle sich, wenn die Türken siegreich blieben, vorläufig nicht in den orientalischen Krieg mischen und erst beim Friedensschluß auf die Rückgabe von Galizien dringen. Ende Mai erklärte er sich bei einem der selten gewordenen mündlichen Vorträge Hertzbergs in Charlottenburg bereit, mit der ganzen Armee zu marschieren, wohin die Umstände es erforderten, er warte nur auf eine günstige Gelegenheit und auf einen plausiblen Grund zum Kriege. Aber am 15. Juni schreibt Hertzberg schon wieder an Lucchesini: „Meine guten Absichten und meine Ratschläge finden selten Gehör. Es giebt wenige Lagen, die der meinigen gleichen. Nur mein Patriotismus hält mich aufrecht und läßt mich handeln." Immerhin hatte der Minister noch einmal ein umfassendes politisches und militärisches Programm vorgelegt, das im August des genannten Jahres während der Manöver in Schlesien zur Ausführung kommen sollte. Er beantragte darin, zwei Armeekorps in Oberschlesien und der Provinz Preußen zusammenzuziehen, den beiden Kaisermächten die preußischen Propositionen wegen Herstellung des Friedens mit der Türkei zu unterbreiten und im Fall einer ablehnenden oder ausweichenden Antwort nach Ablauf einer dreiwöchentlichen Frist zehntausend Mann preußische Truppen in Galizien einrücken zu lassen. Hertzberg nannte ein solches Vorgehen die Fortsetzung, gleichsam den zweiten Band der Eroberung Schlesiens. Lucchesini, der den Befehl erhalten hatte, sich während der schlesischen Manöver in Breslau einzufinden, war dazu ausersehen, die königliche Genehmigung dieses Aktionsprogrammes, dessen Ausführung offenbar den Krieg bedeutete, zu erwirken. Er schien für diese Aufgabe besonders geeignet, da er einerseits das Vertrauen und die Gunst des Königs genoß, andererseits die eigene Uebereinstimmung mit den Ansichten des Ministers oft genug ausgesprochen und es als seinen Ehrgeiz bezeichnet hatte, ein, wenn auch nur bescheidener und subalterner Mitarbeiter an dem großen Plan zu sein, welcher die preußische Monarchie auf eine feste Grundlage stellen und seinem Urheber Unsterblichkeit verleihen würde. Auch hatte Hertzberg nicht versäumt, sich um die Unterstützung der preußischen Militärpartei für die von ihm vorgeschlagenen Maßregeln zu bewerben, und glaubte sowohl die Generale Möllendorff und Kalkreuth als auch insbesondere den Herzog von Braunschweig, welchen der König in allen wichtigeren Angelegenheiten auf politischem und militärischem Gebiete zu befragen pflegte, für sich gewonnen zu haben.

Inzwischen zeigte sich die englische Regierung, die auch von den neueren Instruktionen für den Gesandten Dietz wegen des eventuellen

Abschlusses eines Bündnisses zwischen Preußen und der Türkei Mitteilung erhalten hatte, über das preußische Vorgehen und die kriegerischen Gerüchte beunruhigt. Pitt ließ in Berlin erklären, daß England sich an einer aktiven Einmischung in die orientalischen Dinge nicht beteiligen, sondern Preußen nur mit guten Wünschen für einen glücklichen Erfolg begleiten werde. Hertzberg, der ebenso wie Friedrich Wilhelm II. die auf kühler Berechnung beruhende englische Interessenpolitik nie recht verstehen lernte, erwiderte dem Gesandten Ewart in gekränktem Tone, daß diese Erklärung von geringer Dankbarkeit für die wichtigen Dienste zeuge, die Preußen dem Londoner Kabinett geleistet habe. Bei dem Könige dagegen war die Mahnung, daß er bei seiner Beteiligung an den kriegerischen Verwickelungen im Orient auf das englische Bündnis nicht zählen könne, nicht ohne Eindruck geblieben.

Als daher Lucchesini in der zweiten Hälfte des August in Breslau eingetroffen war, mußte er schon nach den ersten Unterredungen mit dem Könige an Hertzberg melden, daß jener nicht die Absicht habe, vor dem Mai 1790 loszuschlagen, sondern zunächst die Kriegsrüstungen in der Provinz Preußen beenden und das Bündnis mit der Türkei abwarten wolle. Vergebens hatte der Marquis hervorgehoben, daß Preußen jeden Augenblick die schon lange vorbereiteten Aufstände in Ungarn, Galizien und Brabant entfesseln könne und dadurch wichtige Bundesgenossen erhalten würde, die für den Ausfall des englischen Verbündeten Ersatz böten. Die militärischen Autoritäten erklärten dies für einen unsicheren Faktor und hielten die preußischen Kriegsvorbereitungen nicht für vorgeschritten genug, um nach Überreichung eines Ultimatums binnen drei Wochen den Kampf aufnehmen zu können. „Der König", fügt Lucchesini hinzu, „läßt dem großen Plane anscheinend die verdiente Gerechtigkeit wiederfahren und hält die Gelegenheit für ausnehmend günstig, um die letzte Hand an die Vergrößerung Preußens zu legen, er ist jedoch, wenn es zum Kriege kommt, mit einem Tauschgeschäft nicht zufrieden und will Österreich Galizien nehmen, ohne ein Äquivalent dafür zu bieten." Lucchesini hatte schließlich noch umsonst auf die Gefahren eines Aufschubs hingewiesen. „Was England betrifft," meinte er, „so gönnt dieser Staat uns keine Vergrößerung, auch nicht in Polen, und mahnt daher zur Mäßigung, aber wenn wir seinen Jeremiaden keine Aufmerksamkeit schenken, so wird er genötigt sein, uns freie Hand zu lassen. Dagegen könnte sich bei längerem Warten die Lage für uns verschlechtern, falls in Österreich nach dem Tode des schwer erkrankten Kaisers Josef ein ruhigerer Nachfolger zur Regierung kommt und falls die Türken ihr Vertrauen auf preußische Hilfe verlieren und sich der Politik der bourbonischen Höfe anschließen."

Als Hertzberg diese Nachrichten erhielt, erkannte er sofort, daß sein Plan gescheitert sei. „Ich sehe wohl," antwortete er Lucchesini am 29. August, „daß das System des Temporisierens die Oberhand behalten hat. Wir werden unser Ziel verfehlen, wenn wir den jetzigen Moment verpassen, wo wir fertig sind und die uns feindlichen Mächte zu überraschen vermögen. — Im Laufe des Winters können Rußland und Österreich ihre Rüstungen ergänzen und Frankreich seine Kräfte sammeln. Die Absicht, dem Kaiser Galizien ohne ein Äquivalent zu entreißen, ist nicht ausführbar, ohne uns gegründeten Tadel und einen gefährlichen Krieg zuzuziehen." Die weiteren Nachrichten von Lucchesini aus dem Lager von Lissa bestätigten, daß Friedrich Wilhelm II. daran festhielt, nicht vor dem nächsten Frühling in Aktion zu treten, daß er nicht glaubte, auf dem Wege von Verhandlungen die gewünschten Konzessionen von Österreich zu erhalten, und daß er daher für den Fall eines Krieges entschlossen war, dem Hause Habsburg, seinem natürlichen Feinde, größere Opfer aufzuerlegen als den Abtausch einzelner Provinzen.*)

Mit dieser Entscheidung war das große Tauschprojekt Hertzbergs beseitigt und gleichzeitig die Verschiedenheit der Ansichten zwischen dem Könige und dem Minister in bedenklicher Weise verschärft. Dem ferneren Einfluß des letzteren auf die Leitung der auswärtigen Politik wurden fortan so enge Schranken gezogen, daß für die nun folgenden Ereignisse nicht mehr Hertzberg, sondern der König die geschichtliche Verantwortung trägt. Der König gab die Richtung und die Mittel der neuen Politik an, er teilte von seinen Plänen nur das mit, was er für nötig hielt, und ließ Einwände und Bedenken nur in seltenen Fällen gelten. Hertzberg gestand es sich nicht sogleich, daß die Zeit seines Ministeriums, wie er die Jahre von 1786 bis 1789 nannte, vorüber sei, er hielt es nach seiner sanguinischen Natur manchmal noch für möglich, den König und die anderen beteiligten Regierungen für das von ihm ersonnene System der Wiederherstellung des europäischen Gleichgewichtes zu gewinnen, aber im Grunde fühlte er, daß der günstige Augenblick verpaßt war, und suchte nur von seinen preußischen Vergrößerungsplänen zu retten, was noch gerettet werden konnte.

---

*) Schreiben Lucchesinis an Hertzberg vom 30. August 1789.

Mißlingen der Hertzbergschen Pläne.

Als der König am 1. September von den schlesischen Manövern nach Berlin zurückgekehrt war, benachrichtigte er Hertzberg, ohne sich auf weitere politische Erörterungen einzulassen, ganz kurz, daß er zunächst die Antworten aus Konstantinopel und Petersburg abwarten wolle, und zog sich dann nach Potsdam zurück, wo er für seine Minister unsichtbar blieb. Erst am 26. September hatte Hertzberg wieder Gelegenheit zu einer Unterredung mit dem Könige, wobei er mit seinem Bedauern nicht zurückhielt, daß die Pläne gegen Österreich nicht sofort ausgeführt wären. Der anwesende Herzog von Braunschweig, der mit dem Minister übereinstimmte, wagte, um seine Meinung befragt, es nicht, dieselbe dem König gegenüber offen zu bekennen und zu vertreten.*)

Lucchesini schob bei einem Rückblick auf die Besprechungen in Schlesien die Schuld an dem Mißlingen der Hertzbergschen Pläne hauptsächlich auf England, das sein Ziel, Preußen in den Schranken der Unthätigkeit zu halten, für dieses Jahr erreicht habe. Er hoffte, daß die Aussichten für eine militärische Aktion auch im nächsten Jahre noch gute bleiben würden, und verwahrte sich gegen den von Hertzberg allerdings nur zwischen den Zeilen angedeuteten Verdacht, nicht seinerseits alles gethan zu haben, um den König zu entscheidenden Beschlüssen zu bestimmen, zumal diese auch Lucchesinis eigene Stellung in Warschau sehr erleichtert haben würden.

Der König hatte inzwischen aus eigener Initiative General Schlieffen nach London geschickt, um das dortige Kabinet für eine Verständigung in Sachen der Niederlande und für eine gemeinsame militärische Operation im Interesse einer Ordnung der orientalischen Angelegenheiten zu gewinnen. Die Mission verlief jedoch erfolglos. Pitt gab ausweichende Antworten, er wünschte Preußen Glück zu dessen orientalischen Unternehmungen, erklärte aber, daß England vorziehen würde, ruhig zu bleiben. Auch in der anderen wichtigen Frage blieb die tiefgehende Meinungsverschiedenheit zwischen Preußen und seinem englischen Verbündeten unausgeglichen. Als in den österreichischen Niederlanden im Spätherbst 1789 ein allgemeiner Aufstand gegen die Regierung Josefs II. ausgebrochen war und jene bald darauf ihre

---

*) Ein ähnliches schwächliches Verhalten des Herzogs in Gegenwart des Königs von Preußen schildert der Ritter v. Bray in seiner Denkschrift über den Rücktritt des Grafen v. Haugwitz (1804) mit folgenden Worten: „Le comte de Haugwitz se tourna vers le duc de Brunswick et l'interpella de dire son avis, mais ce prince toujours indécis, faible à force de prudence et hésitant suivant sa coutume n'articula que des mots vagues et parut plutôt acquiescer par geste que par discours."

völlige Trennung und Lossagung von Österreich proklamierten, wollte Friedrich Wilhelm II. sofort die Unabhängigkeit der neuen Republik anerkennen und sie in die zwischen Preußen, England und Holland bestehende Tripel-Allianz aufnehmen. Pitt dagegen war für eine Wiederversöhnung der abgefallenen Provinzen mit dem Kaiser und widersprach deren Anerkennung, weil sie nur unter französischen Einfluß geraten würden und weil eine Anerkennung ihrer Unabhängigkeit gleichbedeutend mit einer Kriegserklärung gegen Österreich sei. Auch Hertzberg und Lucchesini hatten Bedenken, die belgische Selbständigkeit anzuerkennen, und befürchteten die Anlehnung des neuen Staates an Frankreich, während der König umgekehrt glaubte, ein unabhängiges Belgien werde als trennendes Bollwerk gegen das Eindringen des französischen Einflusses in Holland dienen. Hertzberg riet, die Wiederherstellung der kaiserlichen Autorität in den Niederlanden zuzulassen, unter der Bedingung, daß der Kaiser sich verpflichte, denselben eine von den Mächten des Dreibündnisses garantierte Verfassung zu gewähren, Galizien an Polen abzutreten und sich der Türkei gegenüber mit den Grenzen des Friedens von Passarowitz zu begnügen. Der König verwarf den Gedanken, Belgien zu einem Kompensationsobjekt zu machen, aus demselben Grunde wie den früheren Tauschplan, er hoffte Österreich bei einem Kriege gleichzeitig zum Verzicht auf Galizien und Belgien ohne jede Entschädigung zu zwingen. Die diplomatische Vorbereitung dieses Krieges durch den Abschluß neuer Bündnisse bildete jetzt den Angelpunkt seiner auswärtigen Politik, deren Ausführung durch die Minister er genau überwachte. Diez erhielt unter dem 18. September durch ein Kabinetsschreiben des Königs die ausdrückliche Ermächtigung zum Abschluß eines unbeschränkten Schutz- und Trutzbündnisses mit der Türkei unter der einzigen Bedingung, daß dieselbe einen Frieden nur unter preußischer Vermittelung und gleichzeitig mit Preußen abschließe, während Hertzberg überhaupt kein formelles Bündnis, eventuell bestimmte auf die preußischen Vergrößerungspläne berechnete Verabredungen gewünscht hatte. Nach langwierigen Verhandlungen, deren Verlauf in Berlin so verstimmte, daß auf Betreiben Hertzbergs die Abberufung von Diez angeordnet wurde, erfolgte die Unterzeichnung des preußisch-türkischen Bündnisvertrages in Konstantinopel am 31. Januar 1790.*) Der Vertrag, den Hertzberg anfangs geheim zu halten

---

*) Für den in Ungnade gefallenen Diez, dessen weitere dienstliche Verwendung übrigens auch Lucchesini befürwortete, erwirkte Hertzberg, der ihm empfahl, sich in seine Abberufung en patriote prussien zu fügen, nicht ohne Schwierigkeiten die

suchte und dessen offensiven Charakter er mit vergeblicher Sophistik in Abrede stellen wollte, erregte großes Aufsehen in ganz Europa. England war so alarmiert über die Möglichkeit, nun doch noch durch Preußen in die orientalischen Wirren und einen kontinentalen Krieg verwickelt zu werden, daß es an Friedrich Wilhelm II. das Ansinnen stellte, die Ratifikation zu verweigern. Die Polen dagegen fühlten sich ermutigt, nun auch ihrerseits das von Preußen angebotene Bündnis abzuschließen. Zwar gelang es allen Bemühungen Lucchesinis nicht, die Zustimmung des polnischen Reichstages für einen Handelsvertrag zu erlangen, in welchem gegen eine Herabsetzung der Weichselzölle und verschiedene andere Verkehrserleichterungen die Abtretung von Danzig und Thorn an Preußen vorgesehen war. Hertzberg wollte daran festhalten, daß diese Abtretung der Preis für ein preußisches Bündnis sein müßte,*) aber Friedrich Wilhelm II., an dessen persönliche (Großmut**) König Stanislaus sich in einem schmeichlerischen und rührseligen Schreiben gewandt hatte, entschied für eine Trennung der politischen und kommerziellen Verhandlungen und genehmigte den am 29. März 1790 in Warschau unterzeichneten Bündnisvertrag, in welchem der Abschluß eines Handelsvertrages in unbestimmten Ausdrücken einer späteren Vereinbarung vorbehalten blieb. Obwohl Hertzberg hiernach weder in der belgischen, noch in der türkischen noch in der polnischen Frage mit seinen Ansichten durchgedrungen war, so erfüllte ihn doch die Verstärkung des preußischen Bündnisses mit den Seemächten durch die Pforte, Polen und den mit Rußland im Kampfe befindlichen König

Erstattung der Reisekosten von Konstantinopel nach Berlin und eine jährliche Pension von 2000 Thalern, auch schlug er ihn für die Leitung einer Spezialmission nach den Barbareskenstaaten vor, um dort zur Sicherung der preußischen Schiffahrt gegen die Korsaren Freundschafts- und Handelsverträge abzuschließen. Die Mission kam infolge des interessierten Widerspruchs der preußischen Seegesellschaft, die für ihr Monopol fürchtete, nicht zu stande. Diez, mit orientalischen Studien beschäftigt, starb 1817. Seine umfangreiche Korrespondenz mit Hertzberg, die namentlich in den Geschichtswerken von Häusser und Zinkeisen ausgiebig verwertet ist, befindet sich in der Königlichen Bibliothek in Berlin.

*) Schreiben Hertzbergs an Lucchesini vom 29. Dezember 1789: „Je vous conjure de ne pas conclure l'alliance sans nous procurer Danzig et Thorn, autrement on reprochera à vous et à moi, que nous n'avons couru qu'après la fumée de la gloire."

**) Die nachgiebige Großmut des Königs war auch dem Herzoge Karl August bekannt, der behauptete, daß es vergeblich sei, in politischen Geschäften mit Hertzberg zu korrespondieren, dem es an aller Feinheit fehle, man müsse sich direkt an den König wenden.

von Schweden zeitweise wieder mit froher Hoffnung für die Verwirklichung seiner früheren europäischen Kombinationen. Unter dem 9. März 1790 meldet er Lucchesini sogar in seltsamer Verkennung der thatsächlichen Sachlage, daß die Seemächte den „großen Plan" gebilligt haben, daß sie einen bei der Ausführung desselben entstehenden Krieg als casus foederis betrachten und Preußen den Rücken und die Flanken decken werden: „Ainsi voilà le grand oeuvre fait!" In Wirklichkeit hatte das englische Kabinett in einer ausführlichen Depesche vom 26. Februar 1790 durch den Gesandten Ewart in Berlin erklären lassen, daß es seine Hilfe nur zu einem Frieden auf Grundlage der Wiederherstellung des Besitzstandes vor Ausbruch des orientalischen Krieges leihen werde. Obgleich hierdurch allen mit der Rückgabe Galiziens an Polen verknüpften Plänen einer preußischen Machterweiterung der Boden entzogen wurde, fand Friedrich Wilhelm doch den Entschluß nicht, diese Erklärung gebührend zurückzuweisen. Vielmehr konnte Ewart schon am 8. März dem Herzog von Leeds melden, daß Preußen den Vorschlag eines gemeinsamen Memorandums an die kriegführenden Mächte zu Gunsten des status quo vor dem Kriege annehme, worauf England, ohne Vorwissen Preußens unter dem 12. April 1790 eine entsprechende Mitteilung mit dem Vorschlage eines Waffenstillstandes zunächst an den Wiener Hof richtete. Friedrich Wilhelm, der auch nach dem am 20. Februar desselben Jahres erfolgten Tode des Kaisers Josef sich zum Kriege entschlossen erklärte und die Vorbereitungen für die im Frühling zu eröffnenden Kampagne mit Eifer betrieb, scheint geglaubt zu haben, daß Österreich diesen Vorschlag zurückweisen werde. In der Korrespondenz welche der kluge Nachfolger Josefs, König Leopold, sofort nach seiner Thronbesteigung, unter Beteuerung seiner Friedensliebe und versöhnlichen Gesinnungen mit dem preußischen Könige angeknüpft hatte, eignete sich letzterer den englischen Vorschlag einer Pacifikation auf der Basis des status quo vor dem Kriege ausdrücklich an, freilich mit der Einschränkung, daß nach seiner Ansicht ein allgemeines Arrangement, „par des échanges proportionnées, des équivalents et des compensations" noch besser sein würde.*) Der weitere Briefwechsel verlor sich dann in unfruchtbaren Erörterungen über die Einzelheiten eines

---

*) Brief Friedrich Wilhelms II. an König Leopold vom 15. April 1790, worin sich auch die merkwürdige Stelle findet: „Concourir dans ce moment à pacifier l'Europe, fait toute mon ambition. Je n'aurai jamais celle des conquêtes, voilà ma profession de foi".

solchen Tauschgeschäftes, wobei auf preußischer Seite immer größere Nachgiebigkeit gezeigt und die Forderung einer Abtretung von ganz Galizien bereits fallen gelassen wurde. Hertzberg, welchem die Redaktion der Handschreiben des Königs oblag, war, wie er an Lucchesini meldet, in Verzweiflung und wünschte wiederholt, die Galeere des Dienstes zu verlassen. Er sah sich wider bessere Einsicht auf Befehl des Königs genötigt, Konzession auf Konzession an Österreich zu machen. „Ich bin", schreibt er Lucchesini am 1. April, „verwirrt, wenn nicht voll Scham über die Rolle, für welche man mich zwingt, meinen Namen herzugeben." Vergebens erhob jener von Warschau aus seine warnende Stimme: „Österreich wird den status quo annehmen, die Behauptung Galiziens, die Wiedergewinnung der Niederlande sind wohl das Aufgeben der Eroberungen in der Türkei wert. Aber was gewinnen wir unter diesen Umständen? Wer bezahlt uns die Kosten unserer Rüstungen, wer entschädigt uns für den Verlust unseres Ansehens in Europa, des Vertrauens auf Seiten der Belgier, Ungarn und Galizier? Wir haben sie alle mehr oder weniger zur Revolte aufgereizt, werden wir sie jetzt wirklich ihrem unglücklichen Schicksal und der Rache ihres mächtigen Herrn überlassen? Wir müssen entweder Frieden schließen, indem wir auf jeden Gedanken einer Vergrößerung verzichten oder den Krieg anfangen für Erwerbungen, die wir auf dem Wege von Verhandlungen niemals erreichen werden."*) Um die Verlegenheiten der österreichischen Monarchie noch zu vermehren, riet Lucchesini, einen Versuch beim Turiner Hofe zum Zweck einer Schilderhebung gegen Österreich zu machen, und bedauerte dabei, daß die Anschauungen der dortigen Regierung durch die Berichte des sardinischen Gesandten in Berlin über den angeblichen Mangel an Energie und Entschlossenheit auf Seiten des Königs von Preußen ungünstig beeinflußt seien.**) Die zwischen Kriegs- und Friedenswünschen schwankende Stimmung Friedrich Wilhelms II. erklärt sich zum Teil daraus, daß in diesen kritischen Augenblicken die einflußreiche militärische Umgebung des Königs Bedenken gegen das Wagnis eines Krieges erhob. Preußen, hieß es, sei nicht genügend vorbereitet, Schlesien ohne Magazine, das völlige Mißraten der Ernte erschwere die Verproviantierung der Truppen, diese eine Kampagne werde die Hälfte des von Friedrich dem Großen gesammelten Staatsschatzes verschlingen. Auch der Minister für Schlesien Hoyer, von Anfang an ein Gegner des Krieges,

---

*) Schreiben Lucchesinis an Hertzberg vom 21. April 1790.
**) Schreiben Lucchesinis an Hertzberg vom 22. Mai 1790.

erklärte, die Armee nicht ernähren zu können. Die Herzöge von Sachsen-Weimar und Braunschweig rieten gleichfalls zum Frieden, letzterer freilich, der nie wußte, was er eigentlich wollte, hatte auch Tage, an welchen er für den Krieg stimmte. Der König führte Hertzberg gegenüber gelegentlich, wenn auch nur in allgemeinen Wendungen, eine kriegerische Sprache. So äußerte er am 1. Mai: „Je risquerai le paquet, je crois, que la chose ira." Weniger zuversichtlich klang es schon, wenn er einige Tage später dem Fürsten Reuß erklärte, daß er als Vater seines Volkes den Frieden liebe, als Militär den Krieg vorziehe.*) Hertzberg suchte sich vergeblich Kenntnis von dem Stande der preußischen Rüstungen und von dem Feldzugsplane zu verschaffen und die Militärpartei für seine Ansichten zu gewinnen. Er schickte zu diesem Zweck Mitte Mai ein langes, zur Vorlesung bei dem Könige bestimmtes Memorandum an den Flügeladjutanten Oberst Geusau und erbat sich Auskunft über die militärischen Ansichten, da er selbst nicht wisse, ob der König den Krieg gegen Österreich beginnen oder noch länger warten wolle. Geusau gab jedoch nur eine ausweichende Antwort, lobte die Hertzbergsche Denkschrift und beklagte im übrigen die Schwierigkeiten und Meinungsverschiedenheiten in Fragen der inneren Politik, ohne sich auf die äußere einzulassen.

Ende Mai begannen endlich die preußischen Truppenbewegungen nach Schlesien, nachdem die Österreicher schon früher ein starkes Heer in Böhmen und Mähren nahe der preußischen Grenze unter dem Oberbefehl des Marschalls Laudon zusammengezogen hatten. Hertzberg wurde am 31. d. Mts. nach Charlottenburg berufen, wo der König ihm seine Absicht mitteilte, am 10. Juni nach Schönwalde in Schlesien zu gehen, um dort an der Spitze der Armee die Verhandlungen fortzusetzen, während der Minister ihm zunächst nach Breslau folgen solle. Hertzberg benachrichtigte hiervon Lucchesini mit dem Bemerken, daß er nach Ankunft in Breslau, wo sich auch die Gesandten von England, Holland und Polen einfinden sollten, beantragen werde, ihn und den preußischen Residenten in Wien, Jacobi, der wie Lucchesini ein Anhänger des Krieges gegen Österreich war, ins Hauptquartier kommen zu lassen, um bei den weiteren Beratungen gegenwärtig zu sein. Lucchesini dankte dem Minister für diesen neuen Freundschaftsbeweis, verhehlte ihm aber nicht seine schweren Bedenken gegen die jüngste Wendung der preußischen Politik. „Der status quo", schrieb er am

---

*) Briefe Hertzbergs an Lucchesini am 1. und 11. Mai 1790.

13. Juni, „den England uns aufgehalst hat, wird unsern Schatz durch unnütze Rüstungen leeren und Österreich retten." Schon vorher hatte er Hertzberg gewarnt, nicht zu vergessen, daß die Polen nie und nimmer (jamais au grand jamais) für den Preis einer kleinen Erwerbung in Galizien Danzig und Thorn gutwillig an Preußen abtreten würden, jeder darauf berechnete politische Kalkül sei falsch, in Wien wisse man dies sehr gut und werde daher scheinbar auf die preußischen Forderungen in diesem Punkte eingehen. Hertzberg antwortete, er fühle sehr wohl, daß man nichts von den Polen erlangen werde, ohne ihnen das Doppelte und Dreifache als Entschädigung zu geben. Nicht minder war er sich des schweren politischen Fehlers bewußt, welchen der König mit der Annahme der von England vorgeschlagenen Basis der Friedensverhandlungen gemacht habe, aber er hoffte noch immer, Modifikationen durchzusetzen auf Grund des von ihm entworfenen projet conciliatoire.

Unter diesen Auspizien begannen die Konferenzen in Reichenbach, einem Städtchen an der böhmischen Grenze, nur wenige Stunden von Schönwalde entfernt, wo Friedrich Wilhelm II., in dessen Begleitung sich der Herzog von Braunschweig, General Möllendorff und Bischoffwerder befanden, sein Hauptquartier aufgeschlagen hatte. Die österreichischen Bevollmächtigten waren Fürst Reuß und der Staatsreferendar Baron v. Spielmann, beide Anhänger einer Verständigung mit Preußen im Gegensatz zu Kaunitz, welcher fortdauernd den Krieg gegen das verhaßte Haus Brandenburg predigte und, unzufrieden mit der Politik Leopolds in den preußischen und englischen Angelegenheiten, am 26. April in einem lakonischen Schreiben sein Entlassungsgesuch eingereicht hatte, das freilich nicht angenommen wurde. Auch sonst regten sich Mitte Juni 1790 noch einmal kriegerische Neigungen in Wien: es hieß, daß den österreichischen Bevollmächtigten verboten sei, die Cession auch nur des kleinsten Teiles von Galizien auf den Konferenzen zu diskutieren,*) doch war, wie Lucchesini mit Recht bemerkte, dieser hohe Ton nur darauf berechnet, den Gegner einzuschüchtern. Preußen war in Reichenbach allein durch Hertzberg vertreten, indessen erschienen bald als unwillkommene Genossenschaft die Gesandten Englands und Hollands, die in der Rolle von Vertretern der Vermittelungsmächte darauf bestanden,

---

*) Nach einem Bericht des preußischen Residenten Jacobi in Wien hatte sich Leopold mit offenbarer Ironie bereit erklärt, Galizien den Polen zurückzugeben, wenn die anderen Mächte gleichfalls auf den ihnen bei der ersten Teilung Polens zugefallenen Anteil an polnischen Gebieten verzichten wollten.

zu den Konferenzen zugelassen zu werden, was König Friedrich Wilhelm nach einigem Sträuben auf Hertzbergs Rat genehmigte.

Der Verlauf der Reichenbacher Verhandlungen ist oft geschildert worden.*) Hertzberg glaubte noch immer, daß es möglich sein werde, sein abgeändertes Ausgleichungsprojekt durchzusetzen, wonach Österreich gegen eine Entschädigung durch türkische Gebiete einen Teil von Galizien an Polen zurückgeben und letzteres Danzig und Thorn nebst einigen Grenzdistrikten an Preußen abtreten sollte. Als er zu diesem Plane die Genehmigung Friedrich Wilhelms einholte, entschied dieser am 27. Juni, daß die Sache nicht angängig sei, wenn die Türken nicht zustimmten und wenn das Polen zugedachte Gebiet zu klein wäre. Die Folge würde nur sein, daß Preußen sich mit der Pforte überwürfe und das Vertrauen der Polen verliere. Der status quo in pleno wäre in diesem Falle ehrenvoller für Preußen. Der Minister antwortete am gleichen Tage: „Es ist möglich, daß die völlige Wiederherstellung des Besitzstandes vor dem Kriege ehrenvoller für Ew. Majestät und befriedigender für die Pforte ist, aber dann werden Ew. Majestät weder Danzig noch Thorn haben, und die Polen werden gleichfalls unzufrieden sein, da sie nichts von Galizien bekommen. Ich hoffe noch, daß bei fester Haltung Ew. Majestät den Österreichern ein gutes Stück von Galizien entreißen werden." Aber diese Hoffnung sollte sich nicht erfüllen; die österreichischen Bevollmächtigten, die in der ersten Konferenzsitzung am 27. Juni noch wiederholt auf den strikten status quo als Grundlage des Friedens zurückzukommen suchten, befolgten dann die Taktik, möglichst wenig von Galizien zu bieten und möglichst viel von türkischen Territorien zu fordern. Lucchesini, durch Hertzberg von dem Gang der Verhandlungen benachrichtigt, stellte sich ganz auf den Standpunkt des Königs. „Die Anerbietungen des Barons Spielmann," schrieb er am 1. Juli aus Warschau, „sind unannehmbar, und der status quo in strikter Ausführung wäre noch besser, denn wir würden nichts in Polen erhalten und der Pforte großen Verlust zufügen." Während das Feilschen über Lage und Größe der abzutretenden galizischen und türkischen Gebietsteile zwischen Hertzberg und den öster-

---

*) Ganz ungenau von Hertzberg in dem Précis seiner diplomatischen Laufbahn, aktenmäßig aber lückenhaft in dem 3. Bande von Hertzbergs gesammelten Schriften (Seite 94 bis 130). Erst die seitdem bekannt gewordene Korrespondenz zwischen Friedrich Wilhelm II. und Hertzberg sowie der Briefwechsel des letzteren mit Lucchesini gewähren einen vollständigeren Einblick in die damals auf preußischer Seite verfolgten Absichten.

reichischen Bevollmächtigten fortdauerte und letztere auf Grund von Instruktionen aus Wien neue umständliche Tauschvorschläge machten, hatte Friedrich Wilhelm die Geduld verloren und drang auf schleunigen Abschluß, da er an der Spitze einer schlagfertigen Armee, für die nach dem Urteile der Sachverständigen wegen der allgemeinen Mißernte die Verproviantierung in Schlesien nur noch bis Ende Juli möglich war, sich nicht länger auf zeitraubende Verhandlungen einlassen könne. „Der status quo," schrieb er seinem Minister am 11. Juli, „an und für sich ebenso ehrenvoll, sichert uns, wenn abgelehnt, den gerechtesten Vorwand zum Kriege."

Hertzberg, der die letzten österreichischen Anerbietungen für ausreichend hielt um zu einer Verständigung zu gelangen, erbat sich am 13. Juli eine persönliche Konferenz mit dem König, um das Tauschprojekt nochmals zu verteidigen. Er suchte für dasselbe in letzter Stunde noch Lucchesini zu gewinnen, der sich seit dem 8. Juli auf direkten Befehl des Königs im Hauptquartier befand und hatte zu diesem Zweck mit ihm vor Beginn der auf den 14. Juli angesetzten Konferenz eine Zusammenkunft und mündliche Besprechung im Quartier von Bischoffwerder zu Schönwalde. Aber der Marquis blieb bei seinen Ansichten und wiederholte in der Konferenz, an welcher außer ihm auch der Herzog von Braunschweig teilnahm, daß im polnischen Reichstag niemals die Abtretung von Thorn und Danzig gegen ein Stück von Galizien durchzusetzen, ein auf dieser Voraussetzung basierter Tauschplan mithin unausführbar sein würde. Da auch die Gesandten der Seemächte mit großer Energie für den unveränderten Besitzstand vor dem Kriege eingetreten waren und jede Teilnahme und Verantwortung bei etwaigen aus einem Tauschgeschäft sich ergebenden Verwickelungen abgelehnt hatten, trotzdem das Londoner Kabinett Ende Mai eine Unterstützung des projet conciliatoire zugesagt hatte, so zauderte der König nicht länger, sich für die Aufrechterhaltung des status quo endgültig zu entscheiden, der ihm schon vorher als die ehrenvollste und vorteilhafteste Lösung für Preußen (le parti le plus honorable et le plus avantageux pour la Prusse) gegolten hatte und ihm den Ruhm zu lassen schien, in der Rolle eines uneigennützigen und großmütigen Schiedsrichters als der Wiederhersteller des europäischen Friedens zu glänzen. Um jeden ferneren Widerspruch seines Ministers abzuschneiden, wiederholte er diesem noch am gleichen Tage mittelst einer in den schärfsten Ausdrücken abgefaßten Kabinets-Ordre seinen Willen und drohte dabei mit der königlichen Ungnade, falls Hertzberg die Sache noch länger verzögere und sich von Kaunitz hinhalten lasse. Hertzberg verwahrte sich in gereiztem Tone gegen die ihm gemachten Vorwürfe; er sehe auf eine 45jährige, dem Wohl des Staates gewidmete Dienstzeit zurück, werde aber nicht mit der früheren Ruhe und Befriedigung weiter arbeiten können, seit man Drohungen gegen ihn anwende und ihm Fehler zurechne, deren er sich unschuldig wisse. Er hat später erklärt, daß er damals den Dienst quittieren und sich in das Privatleben zurückziehen wollte, doch hätten einige Patrioten ihn gebeten, den Staat nicht zu verlassen.*) Es wäre für Hertzbergs staatsmännischen Ruf besser gewesen, wenn er diesen Entschluß ausgeführt und seinen Namen nicht unter den Reichenbacher Friedenstraktat gesetzt hätte. Er gehorchte jedoch dem Willen des Königs und richtete noch am 15. Juli genau nach den ihm erteilten Weisungen an die österreichischen Bevollmächtigten eine Note, worin unter Ablehnung der letzten Tauschvorschläge von Kaunitz die vollständige Wiederherstellung des unveränderten Besitzstandes der kriegführenden Mächte vor dem Kriege gefordert wurde. Hinzugesetzt war, daß der König eine zufriedenstellende und klare Antwort auf diesen Vorschlag in einem möglichst kurzen Zeitraum (dans un espace de temps aussi court que possible)**) zu erhalten wünsche. Fürst Reuß und Baron Spielmann, erstaunt über diese plötzliche Wendung und verletzt durch den gebieterischen Ton der preußischen Note, versuchten, bevor sie dieselbe ihrer Regierung einreichten, vergeblich einige Modifikationen durchzusetzen. In Wien jedoch beeilte man sich mit der Annahme des preußischen Vorschlages, obgleich man sich die Demütigung der Herausgabe Belgrads und aller sonstigen in der Türkei gemachten Eroberungen durch die in dem letzten Tauschprojekt von Kaunitz zugestandene Abtretung einzelner galizischer Distrikte im Nordosten gerne erspart hätte.***) „So unangenehm es auch ist, sich vom Berliner Hofe Gesetze vorschreiben zu lassen, so müssen wir doch nachgeben, um nur

*) Brief Hertzbergs an Poffelt vom 19. November 1791.

**) Hertzberg spricht in dem Précis seiner diplomatischen Laufbahn von einem „terme de dix jours", eine Angabe, die sich auch bei Häuffer und Dunker findet. Der Text der offiziellen Note vom 15. Juli enthält jedoch eine solche Frist nicht.

***) Häuffer und Sybel nehmen noch an, daß die Wiederherstellung des unveränderten status quo vor dem Kriege das eigentliche Ziel der österreichischen Politik bei den Reichenbacher Verhandlungen war, und daß Leopold nur, um dem preußischen Selbstgefühl eine Genugthuung zu bereiten, sich zur Erfüllung seiner dringendsten Wünsche scheinbar erst zwingen ließ.

aus dem Sumpf herauszukommen," bemerkte Leopold, der durch England genau davon unterrichtet war, daß eine Ablehnung des status quo in diesem Augenblicke die sofortige Kriegserklärung Preußens nach sich ziehen würde. Die Haltung Friedrich Wilhelms II. ließ hierüber keinen Zweifel. Er schrieb am 16. Juli an Hertzberg: „Wir werden jetzt sehen, ob der Wiener Hof den Krieg riskieren will." Er, der König, sei zum Kriege entschlossen, um Verhandlungen ohne Ende zu vermeiden, um so mehr, da er sich an der Spitze der Armee befinde, über welche er zum ersten Male das Kommando führe. Am 20. Juli wurde Hertzberg beauftragt, für alle Fälle das Kriegsmanifest vorzubereiten. Aber schon am 23. Juli trafen aus Wien die Instruktionen ein, worin die österreichischen Bevollmächtigten die Ermächtigung erhielten, in allen wesentlichen Punkten die preußischen Forderungen anzunehmen. Es ist für die Sachlage charakteristisch, daß die in Reichenbach anwesenden Vertreter der Seemächte von dieser Annahme früher Kenntnis hatten als der preußische Bevollmächtigte.*) Über Einzelheiten fanden in den nächsten Tagen noch mündliche Verhandlungen statt, in welche der König entscheidend eingriff und Hertzberg genaue Direktiven erteilte. Der Minister hatte dabei das Mißgeschick, durch unzeitigen Widerspruch und persönliche Gereiztheit abermals den Unwillen des Königs zu erregen. Als er diesem am 25. Juli schrieb: „Ich sehe wohl, daß ich Euer Majestät Vertrauen nicht habe und haben werde, und nur porte voix sein soll," erfolgte die Antwort: „Die erste Pflicht eines Ministers ist, seinem Herrn zu gehorchen, und ich hoffe, daß ich nicht nötig haben werde, Sie hieran zu erinnern."**)

---

*) Hertzberg an Lucchesini am 23. Juli: „Les deux Ministres Maritimes prétendent savoir, que le Roi d'Hongrie accepte simplement le status quo strict."

**) Daß Friedrich Wilhelm II. von seinen Ministern militärischen Gehorsam verlangte, hatte er bereits in der gegen eine Eigenmächtigkeit des Etatsministers v. Heinitz gerichteten Kabinets-Ordre vom 13. Dezember 1788 ausgesprochen. Es heißt dort: „Es sey in dem preußischen Dienst neben der Ehrlichkeit und Thätigkeit auch noch eine notwendige Pflicht, gehorsam zu sein. Denn Ich fordere bei dem Civil-Dienst von Meinen Ministers eben die Folgsamkeit und den strengen Gehorsam, als Ich von Meinen Generals bei der Armee fordere. Von diesen Meinen Grundsätzen werde Ich niemals abgehen und will es Keinem rathen, er sey wer er sey, solche aus den Augen zu setzen." Eine andere Auffassung der ministeriellen Pflichten wurde schon damals von einzelnen Schriftstellern verteidigt. In seinen 1796 erschienenen „Politischen Wahrheiten" bemerkt Fr. K. v. Moser: „Männer von Selbstgefühl und eigener innerer Würde, wahre Räte, lassen sich eben nicht wie auf den blinden militärischen Gehorsam angenommene und verpflichtete Sub-

Am 27. Juli 1790 wurden die drei Deklarationen unterzeichnet, aus welchen der sogenannte Vertrag von Reichenbach besteht. Friedrich Wilhelm II., jetzt mißtrauisch gegen seinen Minister geworden, hatte ausdrücklich verlangt, die von Hertzberg entworfene preußische Deklaration vor deren Übergabe an die österreichischen Bevollmächtigten zu sehen, um sich zu überzeugen, ob dieselbe im Einklang mit seinen Instruktionen abgefaßt sei. Er beglückwünschte Hertzberg dann in einem gnädigen Schreiben vom 28. Juli zu dem glücklichen Ausgange der Verhandlungen und beschenkte ihn später aus diesem Anlaß, ebenso wie die österreichischen Bevollmächtigten, mit einer kostbaren goldenen Tabatière. Begreiflicherweise teilte der Minister diese Zufriedenheit seines königlichen Herrn nicht. Er will sogar den Glückwunsch in einer Unterredung mit dem Könige mit den Worten abgelehnt haben: „Nicht mir, sondern lediglich Eurer Majestät kommt dieser Glückwunsch zu, denn ich habe diesen Friedenstraktat nur auf Ihren ausdrücklichen Befehl, ganz gegen meinen Willen abgeschlossen."*) Sicher ist, daß der Reichenbacher Vertrag eine eklatante Niederlage der seit Jahren von Hertzberg mit zäher Ausdauer verfolgten preußischen Vergrößerungspolitik war, und wenig mochte es ihn trösten, daß er bei seiner Rückkehr nach Berlin in einer schwülstigen, dem Stile Ramlers nachgebildeten Ode als Friedensgeber und Freund der Musen gefeiert wurde im Gegensatz zu den angeblich kriegerischen Neigungen des Königs. Es ist neuerdings behauptet worden,**) daß es Hertzbergs Aufgabe in Reichenbach gewesen sei, den Krieg herbeizuführen, da Friedrich Wilhelm den Krieg wollte, und es ist daraus der Schluß gezogen, daß der König sich seinem Minister sehr überlegen zeigte. Man übersieht dabei jedoch zunächst, daß die Konferenzen in Reichenbach nur eine Fortsetzung bildeten zu dem Briefwechsel zwischen Friedrich Wilhelm und Leopold über die Friedensbedingungen in der Zeit vom 25. März bis 2. Juni 1790 und daß dadurch die Alternative, entweder status quo vor dem Kriege oder Tauschprojekt, bereits fest-

alternen behandeln." Aber noch Friedrich Wilhelm III. nannte den Frhrn. v. Stein, als dieser seinen Wiedereintritt in das Ministerium an gewisse Bedingungen geknüpft hatte, „einen widerspenstigen, trotzigen, hartnäckigen und ungehorsamen Staatsdiener." (Eigenhändige Kabinetts-Ordre des Königs an Stein vom 3. Januar 1807.)

*) So berichtet auf Grund einer mündlichen Mitteilung Hertzbergs Professor Brunn, welchem der „Précis de la carrière diplomatique du comte de Hertzberg" zur Veröffentlichung anvertraut wurde.

**) Von M. Duncker in dem Aufsatze: „Friedrich Wilhelm II. und Graf Hertzberg." Historische Zeitschrift, Band 37.

gelegt war. Man vergißt ferner, daß im Jahre vorher der König den Hertzbergschen Vorschlag eines Ultimatums an die kriegführenden Mächte und des sofortigen Einrückens preußischer Truppen in Galizien im Fall der Ablehnung zurückgewiesen hatte, weil er damals den Krieg nicht wollte. Wollte er den Krieg wirklich in Reichenbach, so war es seine und nicht Hertzbergs Aufgabe, den Kriegsfall herbeizuführen, da der König die Leitung der Verhandlungen aus der Hand des Ministers in die eigene genommen hatte. Und diese Aufgabe wäre nicht schwer gewesen. Der König brauchte nur an dem Anspruch einer preußischen Garantie für die ungarische Verfassung festzuhalten, wie sie damals unter Berufung auf das Abkommen mit den deutschen Kurfürsten vom Jahre 1606 — den sogenannten Wiener Vertrag — in dringender Weise von ungarischen Emissären bei ihm nachgesucht wurde, um jede friedliche Lösung unmöglich zu machen. Die schwächliche Forderung einer Rückkehr zum Besitzstand vor 1788, wozu Leopold sich schon in seinem Briefe vom 25. Mai 1790 bereit erklärt hatte, konnte nicht zum Kriege führen, auch wenn sie, wie das in Reichenbach geschah, in gebieterischen Formen und mit komminatorischen Wendungen wiederholt war. Wenn der König wirklich die überlegene Einsicht besessen hätte, daß nur ein Krieg mit Österreich die europäische Stellung Preußens sichern konnte, so hätte ihm die vertragswidrige Haltung Leopolds bei Ausführung der Reichenbacher Konvention sowohl der Türkei als Belgien gegenüber noch mehr als einmal Gelegenheit geboten, das Glück der Waffen zu versuchen. Keine dieser Gelegenheiten wurde aber benutzt, vielmehr wich Preußen Schritt für Schritt zurück, die kriegerischen Reden und Rüstungen Friedrich Wilhelms endeten stets mit thatenloser Nachgiebigkeit, während Hertzberg auch nach Reichenbach zu einem energischen Vorgehen gegen Österreich riet.

V. Hertzbergs Sturz.

Für Hertzberg waren die Deklarationen von Reichenbach mehr als eine politische und persönliche Niederlage, sie bildeten das Grab, in welches die letzten Reste der Freundschaft und des Vertrauens, deren er noch bei dem Könige genoß, versenkt wurden. Das Jahr ministerieller Existenz, das ihm nach Unterzeichnung der Konvention vom 27. Juli 1790 noch vergönnt blieb, war nichts als eine langsame Agonie, in der er seinen amtlichen Einfluß mehr und mehr schwinden sah, während ihm seine persönliche Stellung durch berechnete Kränkungen und Rücksichtslosigkeiten unerträglich gemacht wurde. Schon im September 1790, als er sich im königlichen Hauptquartier zu Breslau befand, zeigte ihm der König seine veränderte Gesinnung in so auffallender Weise, daß Hertzberg in einer gegen seine Gewohnheit eigenhändig geschriebenen Eingabe, deren Ton er selbst pathetisch genannt hat, um Aufklärung zu bitten wagte.

„Ich kann", so begann er, „nicht länger dem Schmerze widerstehen, mich des Wohlwollens Euerer Majestät beraubt zu sehen. Sie haben mir Ihr Vertrauen entzogen, verheimlichen mir einen großen Teil der Geschäfte, behandeln mich persönlich mit Kälte und Gleichgiltigkeit, ja selbst mit unverhüllter Verachtung, welche im Publikum Aufsehen erregt. Ich habe 45 Jahre gedient, seit Euerer Majestät Regierung meinen Eifer verdoppelt. Da Sie einen entschiedeneren Anteil an allen Angelegenheiten Europas nehmen, im Süden, im Norden und im Orient als Schiedsrichter aufgetreten sind, hat sich die Arbeit des Auswärtigen Amtes vermehrt, trotzdem bewältige ich sie fast allein. Bis zum 13. Juli dieses Jahres haben Euer Majestät meine Ideen gebilligt, möglicherweise hat mich mein glühender Patriotismus zu verzeihlichen Irrtümern verleitet." Hertzberg erinnert dann an seine unbegrenzte Ergebenheit vor und nach der Thronbesteigung des Königs, verteidigt sich gegen die Anschuldigung der Indiskretion und des Eigensinns und bittet den König, ihm Sein Vertrauen wieder zu gewähren, ihn nicht als einfachen Schreiber zu behandeln, sondern auch jene äußere und öffentliche Achtung zu erweisen, welche der Stellung eines Ministers zukomme. Hertzberg glaubte, den Erfolg dieser Eingabe zu sichern, wenn er sie durch die Hand von Bischoffwerder an den König gelangen ließ. In einem Privatschreiben suchte er die freundschaftliche Unterstützung des Günstlings nach mit dem Hinzufügen, daß er eine subalterne und entehrende Rolle nicht länger ertragen könne. Hertzberg ahnte nicht, daß gerade Bischoffwerder sein gefährlichster Gegner war, der seiner Politik vor und in Reichenbach entgegengewirkt hatte und offenbar am Sturze des Ministers arbeitete.*)

Vorläufig hütete sich freilich Bischoffwerder noch, offen mit Hertzberg zu brechen; er schrieb ihm beruhigend zurück, daß die Eingabe sicher die

---

*) Fürst Reuß berichtete unter dem 6. Januar 1790 aus Wien, daß er eine Unterredung mit Bischoffwerder gehabt habe, worin letzterer den Plan Hertzbergs wegen einer Abtretung Galiziens an Polen als unausführbar bezeichnete, kein Mensch denke mehr daran. Bischoffwerder hatte übrigens schon 1787 eine Annäherung zwischen Preußen und Österreich für wünschenswert erklärt.

gewünschte Wirkung haben werde, daß Seine Majestät nicht daran denke, Hertzberg eine subalterne Rolle spielen zu lassen, es sei denn gegenüber Seiner eigenen Person (vis-à-vis de Sa personne même), und schloß mit devoten Ausdrücken der Dankbarkeit für die Güte und das Vertrauen, welches der Minister ihm auch bei diesem Anlaß bewiesen habe.

In Wirklichkeit änderte die Eingabe nichts an dem Verhältnis zwischen dem Könige und dem Minister. Letzterer erhielt nach wie vor nur unvollständige Kenntnis von den politischen Intentionen und Entschließungen des Monarchen und sah sich in seinen dienstlichen Handlungen und Korrespondenzen mißtrauisch überwacht. Schon während der Reichenbacher Verhandlung hatte der König die Anordnung getroffen, daß die gesandtschaftliche Korrespondenz aus Warschau und Wien nicht mehr direkt an das Ministerium gelangte, sondern zunächst uneröffnet dem Königlichen Kabinett übergeben wurde. Als der Marquis Lucchesini ohne Befragen Hertzbergs zum Bevollmächtigten für den Friedenskongreß in Sistowa ernannt war und der Minister mit Abfassung der Instruktionen für denselben bis zum Eingang einer Nachricht über den unter preußischer Vermittelung eingeleiteten Waffenstillstand zwischen der Türkei und Österreich warten wollte, befahl der König ungeduldig, daß ihm die fertigen Instruktionen binnen drei Tagen vorgelegt werden sollten. Hertzberg diktierte sie dann, wie er Lucchesini schreibt, in wenigen Stunden und hatte die Genugthuung, daß sie unverändert genehmigt wurden. Die offenkundige Mißstimmung des Königs gegen den Minister, den man im Auslande bisher für den eigentlichen Leiter der auswärtigen Politik Preußens gehalten hatte, entfesselte jetzt auf allen Seiten die Angriffe und Vorwürfe der zahlreichen Gegner Hertzbergs. Das englische Kabinett war freilich schon lange der Meinung gewesen, daß alle Unruhe in der Welt keinen andern Grund habe als den Ehrgeiz Hertzbergs, der Danzig und Thorn annektieren wolle. Der Gesandte Englands in Wien klagte über die seltsamen und veränderlichen Pläne des ersten preußischen Ministers,*) und während der Konferenzen in Reichenbach erschienen in den Londoner Zeitungen Artikel, welche die Hertzbergsche Politik scharf verurteilten. In Warschau waren alle Parteien entrüstet, daß Polen in Reichenbach leer ausgegangen sei, nachdem der preußische Verbündete so oft Aussicht auf den Wiedererwerb von Galizien gemacht

---

*) Depesche von Keith an den Herzog von Leeds. Wien, 6. März 1790.

habe. Um allen Hertzbergischen Plänen auf Danzig und Thorn ein Ende zu machen, nahm der polnische Reichstag am 9. September 1790 ein Gesetz an, wonach es überhaupt verboten sein sollte, Vorschläge zu Gebietsabtretungen zu machen. Schon früher war es den Polen bedenklich erschienen, daß in Berlin derselbe Minister das Staatsruder führe, der in seinen Schriften das Publikum über den Anteil, den er an der ersten Teilung Polens gehabt, unterrichte, da man ihn für zu fest und zu alt halte, um zu glauben, daß er seine Grundsätze ändern werde, oder daß er nicht in seinem Herzen begierig nach dem Besitz von einigen Palatinaten trachte.*) Auch die fremden Vertreter in Warschau sahen mit Befremden auf die Irrwege und Widersprüche der preußischen Politik, welche das mit so viel Eifer betriebene galizische Tauschgeschäft jetzt plötzlich aufgab und die insurgierten Galizier ihrem Schicksal überließ. Die Schuld hieran wurde Hertzberg aufgebürdet."
"Es beweist dies", schrieb Essen, der langjährige Gesandte Sachsens in Warschau, "daß das Amt nicht den Staatsmann macht, und daß jemand, der unter dem Genie Friedrichs des Großen mit Erfolg als erster Sekretär dessen Befehle ausführte, sich als unzureichend erweist, wenn es sich darum handelt, unter Friedrich Wilhelm II. die Stellung eines Ministers zu bekleiden, welcher die auswärtigen Angelegenheiten leiten und damit die Wohlfahrt und besonders die Ehre des Staates hüten soll."

Auch die Türken waren an den preußischen Versprechungen irre geworden, da der Krieg von seiten Rußlands fortdauerte, ohne daß ihnen die in dem Bündnisvertrage vom 31. Januar 1790 zugesagte preußische Hilfe zu teil wurde.**) Der als militärischer Berater der Pforte nach Konstantinopel entsandte Oberst Götze bemerkte in einem Berichte an den neuernannten preußischen Gesandten daselbst vom 6. August 1790. „Das System, das Hertzberg befolgt, wird uns schließlich verderben und widerspricht vollständig dem preußischen Geiste, dessen Art es nicht ist, Pläne zu schmieden, wohl aber offen und ehrlich zu handeln."

Endlich wandten sich auch die abgefallenen belgischen Staaten, die jetzt mit Gewalt unter die österreichische Herrschaft zurückgeführt

---

*) Worte aus einer Denkschrift über Polen von dem sächsischen Gesandten Essen vom 27. Dezember 1788.

**) Die Ratifikation dieses Vertrages war preußischerseits allerdings nur mit der Maßgabe erfolgt: „autant qu'il sera en notre pouvoir et que les circonstances le permettront."

wurden, an den preußischen König, um die Erfüllung der ihnen angeblich gemachten Versprechungen einer Unterstützung zu verlangen. Als eine ablehnende Antwort erfolgte, klagten sie vor allem Hertzberg der Zweideutigkeit und Treulosigkeit an, der diesen Vorwurf zwar energisch zurückwies, aber das Mißgeschick hatte, daß ein Privatschreiben von ihm aufgefangen wurde, dessen Inhalt das Wiener Kabinett zu dem Glauben verleitete, Preußen wolle sich das Recht wahren, „in Angelegenheiten der österreichischen Niederlande allezeit mitzusprechen". Infolgedessen richtete nun auch die österreichische Regierung eine Reklamation gegen die vermeintlichen Absichten Hertzbergs direkt an Friedrich Wilhelm, der eine beruhigende Erklärung abgeben ließ. Das im Haag auf Grund der Reichenbacher Konvention am 10. Dezember 1790 geschlossene Abkommen zwischen Österreich, Preußen und den Seemächten, worin den Belgiern die Wiederherstellung ihrer alten Verfassung und volle Amnestie für die Vorgänge während des Aufstandes unter Garantie des Dreibundes versprochen war, blieb unausgeführt, weil Kaiser Leopold die Ratifikationen nur unter gewissen Einschränkungen zugestehen wollte.

Alle diese Fragen, so sehr sie auch das preußische Ansehen im Auslande schädigten, und so unangenehm sie auf Hertzbergs dienstliche und persönliche Stellung zurückwirkten, traten in den Hintergrund vor dem Konflikt, der jetzt zwischen Preußen und Rußland auszubrechen drohte. Friedrich Wilhelm II. war, nachdem er in Reichenbach Österreich zur Herausgabe der türkischen Eroberungen genötigt hatte, entschlossen, an Rußland das gleiche Verlangen zu stellen. Er ließ im August 1790 seine Vermittlung in dem russisch-türkischen Kriege auf der Grundlage der Wiederherstellung des Besitzstandes der beiden Mächte vor Ausbruch des letzten Krieges anbieten und fügte der Instruktion an seinen Gesandten in Petersburg eigenhändig die Worte hinzu, daß er eine aufschiebende Antwort als eine Ablehnung betrachten würde. Für Rußland handelte es sich dabei hauptsächlich um die Herausgabe der mit großen Opfern eroberten Festung Oczakow und eines Landstriches zwischen Bug und Dnjestr. England hatte sich den preußischen Schritten in Petersburg angeschlossen, wenn auch anfangs ohne besonderen Eifer und ohne die Absicht, aus der Annahme des strikten status quo einen Kriegsfall zu machen, wie dies Friedrich Wilhelm in fast unbegreiflicher Verkennung der preußischen Interessen zu thun geneigt schien. Hertzberg, weit entfernt, den kriegerischen Eifer des Königs zu teilen, sah vielmehr einen wegen der Integrität der Türkei zu führenden

Krieg mit Rußland, gegen den sich auch alle preußischen Generale aussprachen, als das größte Unglück an, welches die preußische Monarchie treffen könne. Von dem Beistand einer englischen Flotte in der Ostsee versprach er sich nur geringe Wirkung.*) Trotzdem mußte er, nachdem die Kaiserin Katharina erklärt hatte, ihren Frieden mit der Türkei ohne fremde Vermittlung schließen zu wollen, langwierige Verhandlungen mit Schweden, England und zeitweise auch mit Dänemark und Spanien wegen eines eventuellen Bündnisses gegen Rußland führen und drohende Erklärungen an den Petersburger Hof schicken. Hertzberg gab sich noch von Zeit zu Zeit der Hoffnung hin, daß Rußland durch kriegerische Demonstrationen dazu gebracht werden könne, den striften status quo anzunehmen, oder doch, wie die dänische Regierung vorgeschlagen hatte, sich mit der Festung Oczakow zu begnügen, die geschleift werden sollte. Als zu Anfang des Jahres 1791 die Stimmung des englischen Ministeriums, welches bis dahin, wie Hertzberg bemerkte, mehr an Tipu Sahib als an Preußen gedacht hatte, kriegerischer gegen Rußland zu werden begann, drängte Friedrich Wilhelm, im geheimen Einverständnis mit dem englischen Legationssekretär Jackson in Berlin, auf eine Entscheidung. Hertzberg hatte am 6. März 1791 dem Könige eine längere Denkschrift vorgelegt, wonach England aufgefordert werden sollte, entweder zur Erzwingung des unveränderten status quo gleichzeitig eine größere Flotte in die Ostsee und eine kleinere in das Schwarze Meer zu entsenden oder den strengen status quo aufzugeben und Rußland Oczakow anzubieten. Der König genehmigte eine auf Grund dieser Vorschläge entworfene Instruktion an den preußischen Gesandten in London, worin der zweiten Alternative der Vorzug gegeben war, schickte dem Gesandten aber gleichzeitig hinter dem Rücken seiner Minister eine Kabinetts-Ordre, worin diese Instruktion kassiert und die Weisung enthalten war, die Mitwirkung Englands nur zur Durchführung des strengen status quo zu verlangen, und das Anerbieten von Oczakow nicht zu erwähnen. Pitt war einverstanden, erklärte sich bereit, 35 Linienschiffe in die Ostsee und 10 bis 12 Linienschiffe in das Schwarze Meer zu schicken,

---

*) Auch ein englischer Offizier, Oberst Sidney Smith, der von der preußischen Regierung zu einem Gutachten aufgefordert war, behauptete, daß selbst die größte englische Flotte nicht im stande sein würde, die preußischen Küsten gegen Verheerungen seitens der kleineren russischen Schiffe zu schützen. Brief Hertzbergs an Lucchesini vom 26. März 1791.

und Subsidien an Schweden zu zahlen.*) Als er jedoch am 28. März 1791 vom Parlament die Mittel zu einer entsprechenden Vermehrung der englischen Flotte forderte, erhob die von Fox geführte Opposition, durch die Stimmung im Lande, namentlich in den einflußreichen Handels- und Rhedereikreisen unterstützt, lärmenden Widerspruch. In der That schien es schwer zu rechtfertigen, warum England, welches, während des größeren Teiles des 18. Jahrhunderts kommerziell**) und politisch eng mit Rußland verbunden, nie als Beschützer der Türkei aufgetreten war und selbst der Annexion der Krim noch ausdrücklich zugestimmt hatte, jetzt wegen Oczakow zu den Waffen greifen und seinen einträglichen Handel mit Rußland aufs Spiel setzen sollte. Immerhin genügten die Autorität und Beredsamkeit Pitts im Parlamente zunächst noch, um den Regierungsvorschlägen eine, wenn auch ungewöhnlich schwache Stimmenmehrheit zu sichern. Es wurde mit Preußen, welches seine schon seit dem Winter nahe der russischen Grenze zusammengezogene Armee jetzt um 12 000 Mann zu verstärken im Begriff war, verabredet, ein Ultimatum an Rußland zu richten, wonach dieses binnen zehn Tagen die Vermittlung der beiden Mächte zum Friedensschluß mit der Türkei auf Grundlage der

---

*) Die Rolle, welche der „ritterliche" Schwedenkönig Gustav III. bei diesen Verhandlungen spielte, ist nach dem Zeugnis Hertzbergs eine wenig ehrenvolle gewesen. Nachdem er im August 1790 seinen Frieden mit Rußland zu Werela gemacht hatte, war er jederzeit bereit, für den Meistbietenden zu fechten oder auch für Geld neutral zu bleiben. Er verriet die preußischen Bündnisanträge an Katharina, um von ihr bessere Bedingungen zu erlangen. Im März 1791 schien er zur Neutralität geneigt, indem er von beiden Seiten Geld zu erlangen hoffte. Im April meldet Hertzberg, daß der König von Schweden für zwei Millionen Thaler neutral bleiben wolle, für den Fall einer aktiven Beteiligung am Kriege aber neun Millionen verlange. Auch mit der Türkei verhandelte Gustav III. fortwährend über Subsidien. „Suchen Sie bald", schrieb Hertzberg am 1. März 1791 an Lucchesini nach Sistowa, „ein paar Millionen von den Türken zu erlangen, um Gustav und seinen Günstling Armfeld zu kaufen".

**) Trotz der hohen Zölle, die Rußland auf englische Waren gelegt hatte, und trotz der ungünstigen Schiffahrtsgesetze für den Handel zwischen Rußland und Süd-Europa blieb der Anteil Englands an dem russischen Warenverkehr ein bedeutender, da die Güter aus Indien und den meisten europäischen Ländern fast ausschließlich unter englischer Flagge nach Rußland gebracht wurden. Nach den Angaben der Führer der Opposition im Parlament vermittelten englische Schiffe damals drei Viertel des russischen Handels mit England. Die Jahreswerte der englischen Exporte nach Rußland wurden auf 400 000 Pfund Sterling, diejenigen der Importe auf 2½ Millionen Pfund Sterling geschätzt, was wohl hinter dem wirklichen Wert zurückbleibt.

Wiederherstellung des früheren Besitzstandes annehmen sollte. Friedrich Wilhelm, voll Enthusiasmus über die Aussicht in dem bevorstehenden Feldzuge kriegerischen Ruhm zu ernten, hatte, nach Hertzbergs Ausdruck, nur noch Ohren für das, was ihm die Engländer vorschlugen, und setzte sich über alle militärischen und finanziellen Bedenken hinweg. Am 5. April überreichte Jackson den Entwurf zu einer Konvention zwischen England und Preußen und zu einer Kriegserklärung an Rußland. Hertzberg, vom Könige zur Beratung über diese Entwürfe nach Potsdam berufen, machte Einwendungen, die jedoch kein Gehör fanden. „Man befahl mir", wie er an Lucchesini schreibt, „alles zu zeichnen, wie Jackson es wünschte." Da traf am 8. April ein Courier aus London ein mit dem Auftrage, den Abgang des englischen Ultimatums nach Petersburg vorläufig zu sistieren. Pitt, beunruhigt durch den wachsenden Widerstand gegen seine antirussische Politik und eine Niederlage im Parlamente befürchtend, hatte beschlossen, einzulenken und den Bruch mit Rußland zu vermeiden. Nach einer peinlichen Wartezeit, in welcher Friedrich Wilhelm, der an den englischen Rückzug nicht glauben wollte, die Rüstungen fortsetzte und schon seine und des Kronprinzen Feldequipagen nach Königsberg geschickt hatte, in der Absicht, dort den Oberbefehl bei der Offensive gegen Rußland zu übernehmen, brach Pitt sein Schweigen und legte Ende April in einer ostensiblen Note an den englischen Gesandten in Berlin die Gründe seiner Nachgiebigkeit gegen Rußland dar. Der König, tief verstimmt und entrüstet über diese Schwenkung der englischen Politik, die in Petersburg selbst, wo die Kaiserin über die Vorgänge im englischen Parlament und die Uneinigkeit des englischen Ministeriums besser unterrichtet war, keineswegs überraschte, sah doch ein, daß er allein den Krieg gegen das Zarenreich nicht führen könne, und nahm daher notgedrungen die neuen Vergleichsvorschläge Englands an, wonach Rußland Oczakow und die von ihm gewünschten Gebiete bis zum Dnjestr behielt und später ohne preußisch-englische Vermittlung den Frieden von Jassy schloß.

So waren denn nochmals alle Kriegsvorbereitungen und der große Aufwand von Geld und Truppen umsonst gewesen. Kaunitz hatte Recht behalten, wenn er meinte, die ganzen Verhandlungen mit Rußland würden keine andere Wirkung haben, als das preußische Heer zu ermüden und den preußischen Schatz zu leeren. Der Versuch, in der orientalischen Frage Rußland gegenüber den Schiedsrichter zu spielen und den Frieden zu diktieren, hatte mit einer schweren diplomatischen

Niederlage, ja faft mit einer perfönlichen Demütigung für Friedrich Wilhelm geendet. Lucchefini fah diefen Ausgang voraus, als er am 15. April prophetifch aus Siftowa fchrieb: „Nach zwölfmonatlichen Verhandlungen, zwei koftfpieligen Mobilmachungen in Schlefien und Preußen, drei Kongreffen in Reichenbach, Haag und Siftowa, wird Rußland Oczakow, Öfterreich Orfowa*) und Preußen nichts erhalten, wohl aber das Vertrauen der Pforte und Polens und fein Anfehen in Europa verfcherzt haben."

Hertzberg empfand diefe Erniedrigung Preußens mit patriotifchem Schmerz, in welchen fich noch das Gefühl perfönlicher Bitterkeit über die traurige Rolle mifchte, zu welcher er felbft während diefer ruffifchen Verhandlungen verurteilt war. „Sie find ungerecht," erwiderte er auf die Vorwürfe Lucchefinis, „gegen einen armen preußifchen Minifter, der weniger Einfluß und Macht befitzt als anderswo ein guter Schreiber." Wiederholt erklärte er fich mutlos und angeekelt von allem, was gefchehen war und was er weiter kommen fah, und fprach den Wunfch aus, das Schiff des Staates andern zu überlaffen, die es vielleicht beffer lenken würden.**)

Die englifchen Vertreter in Berlin, die, folange die Kriegsluft in London andauerte, mit Entrüftung berichteten, daß Hertzberg behaupte, England wolle Preußen zu Grunde richten durch das gewaltfame Hineinziehen in einen gänzlich unnützen Krieg (by dragging her in a wholly unprofitable war), meldeten jetzt, daß der Minifter verftimmt fei, feinen Lieblingsplan der Vergrößerung Preußens befeitigt zu fehen, und die Verhandlungen zu verwirren fuche, jedoch nicht mehr die Fähigkeit befitze, feine geheimen Abfichten mit der nötigen Vorficht zu verfolgen.***) Allerdings äußerte Hertzberg fein Mißvergnügen über die letzten politifchen Ereigniffe unvorfichtig genug. Ende April richtete er an den Regierungsrat Kretfchmer in Stettin ein Schreiben, worin gefagt war, daß es nicht zum Kriege mit Rußland kommen würde, und daß man anftatt des fogenannten ftrikten status quo, den man durch Gewalt und Krieg habe durchfetzen wollen, jetzt auf dem Wege der Verhandlungen zu dem von Hertzberg ftets empfohlenen

---

*) In der That erhielt Öfterreich nach dem Frieden von Siftowa durch eine Separatabmachung mit der Pforte Alt Orfowa und einen Diftrikt in Kroatien, ohne Preußen das in der Reichenbacher Konvention vorgefehene Äquivalent zu gewähren.

**) Briefe an Lucchefini vom 16. und 19. April 1791.

***) Depefche Jacksons vom 16. April 1791 an den Herzog von Leeds, der bald darauf durch den friedlicher gefinnten und ruffenfreundlichen Lord Grenville erfetzt wurde.

mobifizierten status quo zurückgekehrt sei. Freilich werde Preußens Ehre und Ansehen dadurch etwas leiden, doch sei dies besser, als daß Schatz und Heer verloren gingen und der Staat selbst ins Verderben geriete. Dieser Brief wurde aufgefangen und dem Könige vorgelegt, der zornig dekretierte, man solle das Schriftstück dem Grafen Hertzberg zuschicken mit dem Bemerken, er, der König, habe beim Lesen des Briefes kaum seinen Augen getraut, könne dem Verfasser sein Erstaunen nicht verhehlen und lasse ihn ermahnen, daß er wohl daran thun würde, sich in Zukunft ähnlicher Äußerungen zu enthalten. Hertzberg suchte sich in einem demütigen Schreiben zu entschuldigen. Der Brief habe nur den Zweck verfolgt, die Stettiner Kaufleute über den Ausbruch eines Krieges mit Rußland zu beruhigen. „Ich habe," hieß es weiter, „stets die Entscheidungen bewundert, die Ew. Majestät in Ihrer hohen Weisheit getroffen haben. Mir hat stets geschienen, daß Ew. Majestät bei Leitung der Geschäfte einen klaren Blick mit dem sichersten Takt verbinden und sie besser beurteilen als irgend ein anderer." Es folgen dann die dem Könige schon geläufigen Auseinandersetzungen, daß Hertzberg, der achtzehn Stunden am Tag arbeite, sich nicht in die passive und untergeordnete Rolle eines Zuschauers finden könne und daß sein Freimut und sein Eifer ihn vielleicht zu weit geführt hätten.

Als Hertzberg diese Zeilen schrieb, war schon der Schlag gefallen, welcher die erste formelle Einleitung zu seiner Entfernung aus dem Auswärtigen Ministerium bildete. Am 1. Mai 1791 erschien eine königliche Kabinetts-Ordre, durch welche zwei weitere Minister, nämlich der Graf Schulenburg-Kehnert und der Gesandte v. Alvensleben in das Kabinettsministerium berufen wurden mit der Motivierung, daß Graf Finckenstein alt und Hertzberg kränklich seien. Zugleich war bestimmt, daß in Zukunft die auswärtigen Geschäfte in regelmäßigen Ministerialkonferenzen behandelt werden sollten, und das Verbot jeder Privatkorrespondenz der Minister mit den preußischen Vertretern im Auslande hinzugefügt.

Hertzberg hatte schon Ende März in einem vertraulichen Schreiben an Lucchesini Gerüchte über eine bevorstehende Ministerkrisis verzeichnet, wonach er selbst durch Alvensleben oder Bischoffwerder ersetzt werden sollte. Auch Pariser Zeitungen, die nicht selten von den persönlichen Gegnern Hertzbergs am preußischen Hofe inspiriert wurden, brachten zu jener Zeit zweimal die Nachricht, daß der Minister wegen seiner diplomatischen Mißgriffe (bévues diplomatiques) demnächst seine Ent=

lassung erhalten werde. Hertzberg fühlte daher wohl, daß die vorliegende Kabinetts-Ordre nach Inhalt und Form gegen ihn allein gerichtet war, denn er konnte sich bei einiger Selbsterkenntnis von der Neigung, die Geschäfte eigenmächtig unter Beiseitesetzung der vorgeschriebenen kollegialischen Behandlung zu führen, nicht freisprechen und war sich wohl bewußt, daß er in seiner Privatkorrespondenz mit den preußischen Gesandten die Politik des Königs in mindestens unvorsichtiger Weise kritisiert und gelegentlich eine mit den amtlichen Intentionen nicht immer vereinbare Haltung empfohlen hatte. Da er nach den Erfahrungen der beiden letzten Jahre die Hoffnung aufgeben mußte, das Vertrauen des Monarchen wieder zu gewinnen und dessen Zustimmung zu den eigenen politischen Kombinationen und Vorschlägen zu erlangen, so würde nichts näher gelegen haben, als daß er die goldene Brücke, welche die Kabinetts-Ordre ihm baute, betreten und unter Berufung auf seine vom Könige betonte Kränklichkeit seinen Abschied eingereicht hätte. Hertzberg behauptet, diese Absicht auch sofort gehabt zu haben und nur durch die Vorstellungen einiger patriotischer Freunde, den Staat in der gegenwärtigen Krisis nicht zu verlassen, zum Bleiben überredet zu sein.*) Der Ton, in welchem er die königliche Ordre noch am gleichen Tage beantwortete, verrät allerdings nichts von Rücktrittsgedanken, sondern nur das Bestreben, sich zu verteidigen und die Gründe für die angeordneten Maßregeln zu widerlegen. „Die Wahrheit ist," schreibt er, „daß man Ew. Majestät den Geschmack an meinen Diensten verleidet hat und daß man einen eifrigen und zu offenherzigen Diener wegjagen (chasser) will zu einer Zeit, wo er alles gethan hat, was ein tugendhafter und ehrlicher Minister thun kann, um den Staat aus der schwersten Bedrängniß zu retten." Hertzberg setzt dann umständlich auseinander, daß seine Gesundheit eine normale sei, Krankheiten wären bei ihm nur in jahrelangen Zwischenräumen aufgetreten und nie hätte er auch nur einen Tag den Dienst versäumt. So habe er noch kürzlich nach einer schlecht verbrachten Nacht von 6 bis 12 Uhr morgens zehn Depeschen geschrieben und dann der Ministerkonferenz beigewohnt. Auch gegen den Vorwurf einer eigenmächtigen Geschäftsführung suchte er sich zu rechtfertigen. Der König möge alle Papiere des Auswärtigen Ministeriums prüfen lassen, ob Hertzberg irgend eine wesentliche Angelegenheit ohne die königliche Ermächtigung und ohne die Zustimmung seines Kollegen im

---

*) Brief an Lucchesini vom 12. Mai 1791.

Ministerium behandelt habe. Am Schluß des Schreibens heißt es: „Ew. Majestät werden geschicktere und gelehrigere Minister finden als ich es bin, aber keine, die größere Anhänglichkeit an den Staat besitzen... Ich wünsche, daß meine Kollegen ersetzen, was mir mangelt (suppléent à mes défaut/s) und daß Ew. Majestät künftig in den auswärtigen Angelegenheiten besser bedient sein mögen." Friedrich Wilhelm, der, wo es sich nicht um eine Anzweiflung seiner königlichen Autorität und Selbstregierung handelte, seinem natürlichen Wohlwollen freien Lauf ließ und weit entfernt war, die Bitterkeit, welche Hertzberg über seine Lage empfinden mußte, durch harte Worte zu steigern, erwiderte eigenhändig am 3. Mai: „Nicht Unzufriedenheit war der Anlaß, der mich bewogen hat, die Veränderungen vorzunehmen, über welche Sie mir schreiben. Ich habe solche für notwendig befunden, damit Sie nicht zu sehr mit Geschäften überlastet sind und um dem Gange der politischen Angelegenheiten größere Stetigkeit und Schnelligkeit zu geben. Im übrigen bin ich weit entfernt, auf irgendwelche Insinuation gegen Personen zu hören, deren Charakter und Vaterlandsliebe mir so wohl bekannt sind, wie in Ihrem Falle." Das Schreiben war — zum letzten Mal in der privaten Korrespondenz des Königs mit dem Minister — mit der Schlußformel unterzeichnet: „Je serai toujours votre affectionné ami".

Den wahren Grund des Vorgehens gegen Hertzberg enthüllte dieses königliche Schreiben freilich nicht. Derselbe lag in der völligen Veränderung des politischen Verhältnisses zu Österreich, die sich inzwischen vorbereitet hatte. In geheimen Konferenzen Bischoffwerders mit dem Fürsten Reuß über die Möglichkeit einer Annäherung und engeren Verbindung zwischen Preußen und Österreich hatte Ersterer wiederholt Hertzberg als den Vertreter der österreichfeindlichen Partei bezeichnet und die Entsendung einer Vertrauensperson nach Wien angeregt, womit Kaiser Leopold, trotz dem Widerstreben von Kaunitz, sich Ende Januar 1791 einverstanden erklärte. Bischoffwerder, für diese Mission ausersehen, traf unter dem Namen eines Kommissionsrates Buschmann Mitte Februar in Wien ein, nachdem er um den Zweck der Reise zu maskieren, in scheinbarer Ungnade einen Urlaub erbeten und erhalten hatte. Auch Hertzberg glaubte damals, daß eine Entfremdung zwischen dem Könige und seinem Günstlinge eingetreten sei, und meldete dies ahnungslos an Lucchesini. In Wien hatte Bischoffwerder wiederholte Zusammenkünfte mit dem Kaiser, der ihn sehr gnädig empfing und die wärmsten Wünsche für eine Besserung der österreich-preußischen Beziehungen aussprach. Bei Erörterung der früheren und der noch vorhandenen Schwierigkeiten warf Leopold die Bemerkung hin: „Auch ich habe in Wien meinen Hertzberg, auch in Berlin hat der König seinen Kaunitz", ging dann auf die schädliche Politik der beiden Staatsmänner ein und deutete an, wie notwendig es sei, dieselben von der Leitung der Geschäfte zu entfernen. Als Bischoffwerder mit einem herzlich gehaltenen Handschreiben Leopolds an den preußischen König*) am 12. März nach Berlin zurückgekehrt war und über seine Verhandlungen Bericht erstattet hatte, wurde zunächst Finckenstein in das Geheimnis gezogen, während Hertzberg ausgeschlossen blieb. Vergebens wandte sich letzterer, als ihm die ins Publikum gedrungenen Gerüchte über die Reise Bischoffwerders nach Wien und über schwebende Bündnisverhandlungen mit Österreich zu Ohren gekommen waren, um Aufklärung an den Vertrauten des Königs. Dieser lehnte jede Mitteilung ab, und Hertzberg hielt es noch Ende April für wenig glaublich, daß Österreich gegenüber ein Systemwechsel eingetreten sei.**) Finckenstein, obgleich innerlich wenig einverstanden mit dem allen Traditionen der Fridericianischen Politik widersprechenden Gedanken eines vertragsmäßigen Bündnisses mit dem Hause Habsburg, wagte nach seiner geschmeidigen Art dem Könige gegenüber keinen Widerspruch, sondern verfaßte auf die österreichischen Eröffnungen vorsichtig gehaltene Gegenbemerkungen, die Bischoffwerder dem Prinzen Reuß zur Weiterbeförderung nach Wien mitteilte. An letzteren schrieb Kaunitz, der sich inzwischen mit der Versöhnungspolitik seines kaiserlichen Herrn befreundet hatte, es erhelle aus den preußischen Mitteilungen „die so erwünschliche Uebereinstimmung der Gemüther Beyder Monarchen über die Question An, so daß über die vergnügliche Berichtigung des Quomodo auch wohl kein Zweifel mehr zu hegen ist, wenn beyde Höfe die gerechte und billige Beobachtung einer in jeder Rücksicht genauen Reciprocität sich gefallen lassen, welche ein solides Allianz-Sistem gründen und gegen alle Unfälle des Mistrauens sichern kann und muß". Trotz dieser schönen Worte war vor der Hand das Mißtrauen auf beiden Seiten noch gleich groß. Kaunitz besorgte, daß Preußens Absicht nur dahin ginge, Österreich von Rußland zu trennen, und in Berlin konnte man nicht umhin, zu bemerken, daß das Verhalten der österreichischen Bevollmächtigten auf dem Friedenskongreß in Sistowa

---

*) Es hieß darin: „Personne n'appréciant plus que moi les biens incalculables que produirait l'union stable de nos intérêts."

**) Briefe an Lucchesini vom 26. März und 24. April 1791.

und die österreichischen Umtriebe in Polen wenig mit den Freundschaftsversicherungen Leopolds übereinstimmten. Die Verhandlungen drohten infolgedessen zu stocken, bis ein neuer Impuls von England kam, welches auf Vorschlag von Finckenstein, der an die Bestimmungen des Bündnisvertrages von 1788 erinnerte, Mitte April von der mit dem Wiener Hof eingeleiteten Verbindung in Kenntnis gesetzt war. Um zu verhindern, daß Hertzberg auf dem Wege über London Nachricht über die preußischen Verhandlungen mit Österreich erhielte, befahl der König seinem dortigen Gesandten, dem Grafen Redern,*) in dieser Angelegenheit nicht an das Ministerium, sondern nur direkt an ihn zu berichten. Die englische Regierung, sehr erfreut über die Aussichten einer Annäherung an Österreich in einem Momente, wo die englisch-russischen Differenzen über die der Türkei zu stellenden Friedensbedingungen noch nicht beigelegt waren, entsendete sofort in der Person des jungen Lord Elgin einen Spezialbevollmächtigten an Kaiser Leopold nach Florenz mit dem Auftrage, die österreichische Unterstützung für die Verhandlungen mit Rußland zu gewinnen und den Beitritt Österreichs zu dem Defensivbündnis zwischen Preußen und den Seemächten zu empfehlen.

Als diese Instruktionen für Lord Elgin am 3. März vertraulich zur Kenntnis des Berliner Kabinetts gebracht wurden, hatte sich dort eben der erwähnte Eintritt von Schulenburg und Alvensleben in das Auswärtige Departement vollzogen. Von den neuen Ministern war Schulenburg der bedeutendere Kopf. Von Friedrich dem Großen schon mit 30 Jahren an die Spitze der Finanzleitung gestellt, in 1778 mit dem Titel eines Kriegsministers ausgezeichnet, hatte er sich im bayerischen Erbfolgekriege durch geschickte Verwaltung der Kriegskassen sowie als Intendant für die Armee des Prinzen Heinrich die besondere Zufriedenheit des Königs erworben und war dann wegen seiner finanziellen Talente auch mit der Leitung der Bank und der Seehandlung betraut. Bei der Thronbesteigung Friedrich Wilhelms II. wurde er in den Grafenstand erhoben, bald darauf jedoch, als er sich weigerte, an den Finanzplänen Werders mitzuwirken, in voller Ungnade ohne Pension entlassen. 1790 in das Generaldirektorium zurückberufen, übernahm

---

*) Derselbe, früher sächsischer Gesandter in Madrid, war im Jahre vorher Nachfolger von Alvensleben geworden. Diese Wahl ist ein neuer Beweis für den damals schon vorhandenen Mangel fähiger Diplomaten im preußischen Adel, vielleicht auch für den Einfluß Bischoffwerders, der es liebte, seine engeren sächsischen Landsleute, wie die Grafen Brühl und Lindenau, an einflußreichen Stellen zu placieren.

er wieder seine früheren Ämter und wurde an Stelle des Levin Rudolf v. der Schulenburg, der durch Selbstmord endete, zum Kriegsminister mit dem Range eines Generalleutenants der Kavallerie ernannt. Obgleich er somit bisher nie in Angelegenheiten der auswärtigen Politik beschäftigt worden war,*) gewann er doch bald den entscheidenden Einfluß im Kabinettsministerium, wogegen sein zur zünftigen Diplomatie gehöriger Kollege Alvensleben es weder damals noch später verstand, seine oft richtigeren Anschauungen über die von Preußen einzuhaltende Politik zur Geltung zu bringen. Wie Finckenstein mit Friedrich dem Großen, so war Alvensleben mit Friedrich Wilhelm II. erzogen und durch eine Jugendfreundschaft verbunden, hatte dann im diplomatischen Dienste schnell Karriere gemacht und verschiedene Gesandtschaftsposten, zuletzt im Haag und in London, bekleidet. In seinen politischen Anschauungen neigte er zu einem Anschluß Preußens an die Seemächte und hatte an dem Präliminarvertrage von Loo mitgewirkt, doch hielt er sich in seinen Berichten aus London von der Anglomanie so vieler seiner Nachfolger frei und warnte stets davor, nicht zu viel von England zu erwarten. Hertzberg tadelte mehrfach an Alvensleben den geringen Eifer für die Geschäfte,**) die häufige Abwesenheit von seinem Posten sowie die spärliche und lakonische Berichterstattung. Seine Abberufung aus London war im Mai 1790 erfolgt, wie es scheint hauptsächlich aus finanziellen Gründen, denn er mußte die Freigebigkeit seines königlichen Freundes in Anspruch nehmen, um seine Schulden in Höhe von 12 000 Thalern bezahlen zu können.***)

Von diesen Ministern war nicht Alvensleben, wohl aber Schulenburg sofort in die neuen Beziehungen zu Österreich eingeweiht und hatte in einem Bericht über die Sendung und die Instruktionen des Lord Elgin, übereinstimmend mit Finckenstein, sich dahin ausgesprochen, daß das englische Vorgehen ganz im Einklange mit den preußischen Interessen stände. Der König befahl darauf in einem eigenhändigen Schreiben vom 8. Mai, daß auch Alvensleben von den schwebenden Verhandlungen unverzüglich Nachricht erhalten solle, jedoch nicht Graf

---

*) Seine Ernennung zum Kabinettsminister erfolgte, wie es in der amtlichen Bekanntmachung heißt, „In Anbetracht der genauen Verbindung, worin das Kriegsdepartement mit dem Departement der auswärtigen Angelegenheiten stehet".
**) Auch als Minister erwarb sich Alvensleben nicht den Ruf des Fleißes. Der französische Gesandte Caillard in Berlin berichtete unter dem 2. April 1796: „Finckenstein et Alvensleben sont à peu près hors d'activité l'un par son âge, l'autre par sa paresse et sa médiocrité."
***) Schreiben Hertzbergs an Lucchesini vom 20. Mai 1790.

Hertzberg und Herr Steck,*) bis die Dinge in gewünschter Weise geordnet wären. Auch Lucchesini wurde jetzt unter dem 15. Mai über die veränderte Sachlage informiert. Derselbe hatte bisher auf dem Friedenskongreß in Sistowa die verschiedenen der Reichenbacher Konvention zuwiderlaufenden österreichischen Ansprüche mit großem Nachdruck bekämpft, so daß man in Wien über seine Parteilichkeit und heftige Sprache klagte. An Bischoffwerder, mit dem er — vermutlich ohne Wissen von Hertzberg — in vertraulicher Privatkorrespondenz stand, schrieb er kurz vor Empfang der neuen Instruktionen: „Man wird nie zu etwas Gutem mit dem Wiener Hof kommen, wenn man sich durch die unbestimmten Vorschläge Leopolds oder durch den süßthuerischen (patelin) Ton des Fürsten Reuß ködern läßt."**) Jetzt wurde ihm in dem amtlichen Erlaß auseinandergesetzt, daß eine Einigung zwischen Preußen und Österreich ebenso unschuldig wie heilsam für die vertragschließenden Teile und für das allgemeine Wohl der Menschheit sei, daß Preußen keine Vergrößerung erstrebe, auf Danzig verzichte, und daß es zunächst darauf ankomme, im Falle eines Krieges mit Rußland der österreichischen Neutralität sicher zu sein.

Friedrich Wilhelm II. fuhr inzwischen fort, obgleich er jetzt vier Minister des Auswärtigen besaß, auf eigene Hand und mit der seinem raschen Temperament entsprechenden Übereilung die äußere Politik zu leiten. Am 25. Mai gab ihm der englische Gesandte in Berlin direkt Kenntnis von einem Briefe Lord Elgins, worin gesagt war, daß Kaiser Leopold über das Schweigen des preußischen Königs Unruhe empfinde und den Wunsch habe durchblicken lassen, den Oberst Bischoffwerder zum Zweck weiterer vertraulicher Besprechungen wiederzusehen. Noch am gleichen Tage ordnete der König ohne Rücksprache mit einem der Minister die erneute Entsendung Bischoffwerders nach Wien an mit Vollmachten zum Abschluß eines Bündnisses und verlangte die Fertigstellung der erforderlichen Instruktionen bis zum 29. Mai. Die beabsichtigte Vorstellung des Ministeriums wegen eines

---

*) Gemeint ist der Geheime Legationsrath v. Steck im Auswärtigen Departement, welcher Referent für die deutschen Angelegenheiten war.

**) Bischoffwerder vergalt dem Marquis Lucchesini die offene Aussprache der antiösterreichischen Gesinnungen, die dieser übrigens auch später nicht verleugnete — j'ai trop longtemps respiré l'air de Sanssouci war sein Ausdruck — dadurch, daß er die nach der Monarchenzusammenkunft in Pillnitz beabsichtigte Ernennung Lucchesinis zum Gesandten in Wien mit Hilfe des Kaisers Leopold hintertrieb.

Aufschubs dieser Entsendung unterblieb gegenüber dem schon ausgesprochenen Willen des Königs. In der Ministerialkonferenz über diese Angelegenheit bemerkte Finckenstein, daß das ganze Bündnis mit Österreich wohl nicht zustande kommen würde, und daß es wünschenswert wäre, es käme nicht zustande; immerhin sei es gut, den Kaiser damit zu beschäftigen, um ihn nachgiebiger für die Verhandlungen in Sistowa zu machen.

Die sehr verständigen Instruktionen, die Bischoffwerder mit auf den Weg gegeben wurden, sowie die dringenden Privatbriefe, in welchen Schulenburg und Alvensleben ihn vor der Doppelzüngigkeit Leopolds und seiner Minister warnten, konnten nicht hindern, daß der aus Anlaß dieser Mission zum Generaladjutanten beförderte Günstling unter Überschreitung seiner amtlichen Weisungen einen Präliminarvertrag unterzeichnete, durch welchen Preußen bei „inneren Unruhen" in den österreichischen Staaten seine Hilfe versprach und im ferneren Verlauf der Dinge als Verbündeter Österreichs in den verhängnisvollen Krieg gegen Frankreich hineingezogen wurde.

Noch in einer andern Frage überraschte der König im Mai 1791 sein vierköpfiges Ministerium mit einer schnellen und unbedachten Entscheidung. Durch den unter Mitwirkung österreichischer Agenten erfolgten Staatsstreich vom 3. Mai hatte sich Polen eine neue Verfassung gegeben, durch welche neben anderen Reformen die Erblichkeit der Krone in der Familie des Kurfürsten von Sachsen festgesetzt und die Tochter des regierenden Kurfürsten zur Infantin erklärt wurde. Vergeblich hatten der englische und der preußische Vertreter in Warschau vor überstürzten Verfassungsänderungen gewarnt und Letzterer insbesondere sich gegen die stets von Preußen perhorrescierte Erblichkeit der polnischen Krone ausgesprochen. Auch die Motivierung der neuen Verfassung durch angeblich geplante Teilungspläne von seiten Rußlands und Preußens, wie Kaunitz sie dem polnischen Gesandten in Wien insinuiert hatte, war wenig geeignet, die beiden Nachbarmächte günstig für die formelle Anerkennung des Staatsstreiches zu stimmen. Alle diese Umstände ließen es für die preußische Regierung ratsam erscheinen, den Ereignissen in Polen gegenüber, wenn auch nicht sofort eine feindliche, so doch mindestens eine abwartende Stellung einzunehmen. In diesem Sinne war auch ein von Hertzberg verfaßter und von dessen drei Kollegen mitunterzeichneter Immediatbericht vom 8. Mai abgefaßt, welcher ausführlich die von einem konsolidierten Polen der preußischen Monarchie drohenden Gefahren schilderte. Aber der König, in dem unklaren Bestreben, Rußland zu isolieren und die Sympathien der Polen nicht zu verscherzen, ließ sich am 8. Mai von dem polnischen Gesandten Fürsten Jablonowski in einer Privataudienz das Versprechen der Anerkennung der neuen Verfassung ablocken. Die Minister mußten sich fügen; Hertzberg wurde überstimmt.

Es war die letzte große Staatsangelegenheit, bei der er noch aktiv mitwirkte. An den sonstigen Geschäften beteiligte er sich, wie es in einem Briefe an Lucchesini vom 4. Juni heißt, nur noch durch seine Unterschrift; die wichtigsten, wie die Verhandlungen mit Österreich, wurden ohnehin vor ihm sekretiert, desgleichen die dem Ministerium mitgeteilte Korrespondenz des Königs mit Baron Roll, einem Emissär des Grafen von Artois, der Ende Mai um die militärische Einmischung Friedrich Wilhelms in die französischen Verhältnisse im Bunde mit Österreich und um ein Anlehen von mehreren Millionen Franken gebeten hatte. Es war unter diesen Umständen vielleicht nicht beabsichtigt, daß Hertzberg von einem Berichte Kenntnis erhielt, welchen Lord Elgin der englischen Regierung unter dem 25. Mai über eine Unterredung mit Leopold wegen des Beitritts Österreichs zu dem Dreibund der Seemächte und Preußens erstattet hatte. „Der Kaiser", hieß es darin, „erwiderte, daß die Lage der Dinge jetzt ein sehr verändertes Ansehen gewonnen hätte, daß Graf Hertzberg thatsächlich beseitigt (in fact set aside) und die von diesem Minister eingesandte und von Baron Jakobi am 30. April in Wien überreichte Depesche wegen des Kongresses von Sistowa im wesentlichen annulliert wäre." Hertzberg glaubte, aus dieser Mitteilung schließen zu können, daß seine Beseitigung von Kaiser Leopold gewünscht und durchgesetzt sei; er würde in dieser Annahme noch bestärkt worden sein, wenn er einen zweiten Bericht Elgins über weitere Äußerungen des Kaisers hätte lesen können. Der Lord schrieb am 6. Juni: „Ich sagte, daß ich Grund hätte, zu glauben, der König von Preußen habe die erste Gelegenheit ergriffen, um der Thätigkeit des Grafen Hertzberg Zügel anzulegen, in Übereinstimmung mit dem, was er nach den Mitteilungen des Oberst Bischoffwerder für den Wunsch Seiner Majestät gehalten habe. Der Kaiser gab zu, einen solchen Wunsch ausgedrückt zu haben, und erklärte, daß er sich dem Könige von Preußen für die getroffene Anordnung zu Dank verpflichtet fühle." Schon die Kenntnis des ersten Elginschen Schreibens hätte für Hertzberg genügen müssen, seine Entlassung zu fordern, da ein in dieser Weise vor den fremden Mächten bloßgestellter und desavouierter Minister mit Ehren nicht weiter dienen konnte. Er fühlte dies auch,

Sein Entlassungsgesuch.

wenn er bei einer vertraulichen Übersendung des englischen Berichtes vom 25. Mai an Lucchesini, mit dem er trotz des ergangenen Verbotes noch eine Zeit lang die Privatkorrespondenz fortzusetzen suchte, am 19. Juni die Bemerkung machte: „Ich muß eine Partie aufgeben, die so ungleich und so undankbar ist; ich habe bisher aus Patriotismus widerstanden, aber ich werde es auf die Länge nicht thun können ... Ich bin es müde, mein Vaterland zu überleben und meinen guten Ruf, den man jetzt zu verunglimpfen sucht, indem man mir die gegenwärtigen Verlegenheiten zur Last legt, während ich beweisen kann, daß sie nur vorhanden sind, weil man seit sechs Monaten das Gegenteil von dem thut, was ich vorschlage." Aber trotzdem vermochte Hertzberg den entscheidenden Entschluß auch jetzt nicht zu fassen, er wartete noch, bis ein neuer Anstoß kam, der ihm keine Wahl mehr ließ.

Gegen Ende Juni 1791 hatte der König eine Kabinetts=Ordre an fast alle preußischen Missionen im Auslande ergehen lassen, wonach die Duplikate der politischen Depeschen, von denen eine Ausfertigung direkt an den König ging, nicht mehr an das Departement des Auswärtigen adressiert, sondern unter Couvert an den Grafen Schulenburg geschickt werden sollten. Letzterer besorgte dann die Verteilung der Depeschen unter die Minister, wobei Hertzberg übergangen wurde. Als dieser Aufklärung verlangte und mit der mündlichen Auskunft, daß eine Allerhöchste Bestimmung vorliege, nicht zufrieden war, erbaten sich seine drei Kollegen in einer Eingabe, worin jene Kabinetts=Ordre als sehr notwendig für die Sicherung des Amtsgeheimnisses bezeichnet wird, die königliche Ermächtigung zu einer schriftlichen Antwort und benachrichtigten sodann Hertzberg, daß die Depeschen ihm auf ausdrücklichen Befehl des Königs vorenthalten würden, da Seine Majestät ein solches Arrangement für notwendig gehalten hätten. Noch bevor Hertzberg diese Antwort zuging, hatte er unter dem 4. Juli sein Entlassungsgesuch eingereicht. Man wird nicht behaupten können, daß es ein vornehmes und würdiges Verfahren war, den alten Staatsmann, der nur den Befehl des Königs erwartete, um seinen Posten zu verlassen, durch Entziehung der dienstlichen Korrespondenz gleichsam auszuhungern und zu einer schimpflichen Kapitulation zu nötigen. Hertzberg beschwerte sich in seinem Abschiedsgesuch, das, wie immer im Verkehr mit dem Könige, in französischer Sprache abgefaßt ist, nicht ohne Grund über diese Taktik. „Ich vermochte mich nicht zu überzeugen, daß da, wo es Euerer Majestät nur ein Wort kostet, um das Aufhören meiner Dienste herbeizuführen, Sie vorziehen können, daß ich durch die empfindlichsten

Kränkungen dahin gebracht wurde, selbst meine Entlassung zu verlangen." Der Minister fährt dann fort: „Wenn ich diesen Schritt nicht früher gethan habe, Sire, so liegt dies daran, daß ich es Eurer Majestät und dem Vaterlande schuldig zu sein glaubte, unter den gegenwärtigen Umständen nichts zu thun, was auch nur im geringsten auffallen könnte. Aber alle meine Philosophie und meine Vaterlandsliebe können nicht standhalten gegen die gehäuften Demütigungen, die man mich erdulden läßt, und ich glaube, die Pflicht zu haben, solche zur Kenntnis Eurer Majestät zu bringen in der Hoffnung, aus Ihrer Antwort Ihre Hohen Absichten bezüglich meiner zu erfahren, die Sie bisher nicht geruht haben, mir zu erkennen zu geben trotz der dringenden Vorstellungen, die ich mir an Sie zu richten erlaubte. Da das Schweigen, welches Euere Majestät zu bewahren fortfahren, mir keine Zweifel mehr läßt, glaube ich, mir die ehrerbietige Freiheit erlauben zu dürfen, dasselbe auszulegen, und infolgedessen bitte ich Sie, mir die Entlassung aus allen meinen Ämtern oder Stellungen, die ich bekleidet habe, gewähren zu wollen und mir zu gestatten, mich gänzlich aus einem Dienste zurückzuziehen, in welchem ich nicht länger mit Ehre und mit Nutzen verbleiben kann."

Hertzberg schickte dieses Schreiben, das in seiner Redaktion die Spuren großer Eile trägt, in das Königliche Kabinett unter Beifügung eines kurzen eigenhändigen Billets an den vortragenden Kabinettsrat.*) Letzterem übersandte er zugleich das Konzept eines zweiten, in stärkeren Ausdrücken abgefaßten Entlassungsgesuches, das er anfänglich an den König habe richten wollen, aber auf dringendes Bitten von Freunden zurückgezogen und geändert habe. Er teilte dem Kabinettsrat ferner eine Abschrift des oben erwähnten Berichtes Lord Elgins vom 25. Mai mit, damit jener daraus sehe, wie Hertzberg verkauft und dem Kaiser geopfert sei.

Die Antwort, deren Entwurf der König sofort eigenhändig auf das Entlassungsgesuch schrieb, war in einem beruhigenden und freundschaftlichen Ton gehalten, ohne jedoch auf den Inhalt der Hertzbergschen Eingabe näher einzugehen. „Ich habe", so hieß es in der vom 5. Juli datierten Kabinetts-Ordre, „durchaus nichts gegen Ihren Eifer und Ihre Vaterlandsliebe. Sie haben zu viele Beweise davon gegeben, um auch nur einen Augenblick daran zweifeln zu können. Einer der hauptsächlichsten Gründe, der Mich bewogen hat, die fraglichen An-

---

*) Dieser scheint der Geheime Rat Laspeyres gewesen zu sein, der damals im Kabinett die auswärtigen Sachen und die französische Korrespondenz bearbeitete.

ordnungen zu treffen ist der, Ihnen die ermüdende Arbeit, welche Ihnen obliegt, zu erleichtern, und Meine Absicht ist es nie gewesen, Ihnen Ihre Ämter und Stellungen zu nehmen, ebensowenig wie Ihre Gehaltsbezüge, entsprechend der Freundschaft und Achtung, die Ich für Sie hege." Eigenhändig hatte der König dann noch hinzugesetzt, daß er mit Vergnügen sehen würde, wenn Hertzberg seine Stellung als Kurator der Akademie und die Leitung der einheimischen Seidenkultur *) beibehalten und seine Mußestunden dazu verwenden würde, die von ihm beabsichtigte Geschichte Friedrichs II. zu schreiben. Der Minister dankte dem Könige am nächsten Tage für die gnädigen Ausdrücke dieser Kabinetts-Ordre mit dem Hinzufügen, daß, obgleich darin nicht ausdrücklich gesagt sei, Seine Majestät gewähre die von ihm erbetene Entlassung aus dem Auswärtigen Ministerium, er doch aus dem Inhalt der Ordre den Schluß zu ziehen wage, daß sein Gesuch nicht abgelehnt sei. Hertzberg erklärt sich dann bereit, seine sonstigen Ämter weiter zu führen, auch die Geschichte Friedrichs II. zu schreiben, wenn er freien Zugang zu den Archiven erhalte, und bittet sich als eine besondere Gnade aus, auf die mit seiner Stellung als Minister des Auswärtigen verbundene Besoldung verzichten zu dürfen, da es mit seinen Prinzipien nicht übereinstimme, „de tirer des appointements sans les mériter."

Der König ging auf diese Bitte, die später noch fünfmal wiederholt wurde, nicht ein, gewährte aber den erbetenen Reiseurlaub und drückte seine Freude aus, daß Graf Hertzberg mit den getroffenen Arrangements zufrieden sei.

Dieser war freilich weit entfernt, irgendwelche Zufriedenheit zu empfinden, indessen schien die peinliche Angelegenheit formell erledigt. Hertzberg, welcher die Abschrift seiner Korrespondenz mit dem Könige dem Grafen Schulenburg übersandte, erklärte dabei, daß, obgleich Seine Majestät nicht geruht habe, auf die fortgesetzten Anträge in seinem letzten Briefe direkt zu antworten, er doch glaube, sich gegenwärtig der Beteiligung an den auswärtigen Geschäften enthalten zu sollen. Schulenburg,**) antwortete am 8. Juli in einem verbindlichen

---

*) Durch eine Kabinetts-Ordre vom 3. Mai 1783 war Hertzberg der Vorsitz in einer Immediatkommission übertragen, welche zur Hebung des Seidenbaues in Preußen eingesetzt war. Die großen Erwartungen des Ministers auf eine schnelle Vermehrung der Seidenproduktion und die Entwickelung einer einheimischen Seidenindustrie erfüllten sich nicht.

**) Hertzberg hat später in einem Schreiben an den Prinzen Heinrich vom 7. Juni 1794 behauptet, daß bei seinem Entlassungsgesuche Schulenburg und der

Schreiben, worin er den entlassenen Kollegen um Bewahrung eines guten Andenkens und seiner Freundschaft bat, und erließ unter dem gleichen Datum Zirkulare an die preußischen Vertreter im Ausland und an die in Berlin akkreditierten fremden Gesandten, um sie von der im Auswärtigen Ministerium eingetretenen Veränderung in Kenntnis zu setzen. Auch Hertzberg selbst verabschiedete sich von den preußischen Gesandten, mit denen er so lange in dienstlichen Beziehungen gestanden hatte, durch ein formell gehaltenes Zirkularschreiben, worin die Hoffnung ausgedrückt war, daß die gegenseitigen Gesinnungen unverändert bleiben würden. Dagegen reklamierte er seltsamerweise in heftigem Tone gegen die nach Lage der Dinge und den internationalen Gewohnheiten doch ganz unvermeidliche Benachrichtigung der fremden Diplomaten in Berlin über sein Ausscheiden aus dem Auswärtigen Departement. „Ich habe", schrieb er dem Ministerium, „nach dem ersten Briefe des Königs nicht angenommen, daß es Seine Absicht war, mich aus dem Ministerium zu entlassen und mir Seine Ungnade in so eklatanter Weise zu zeigen, und ich sehe weder die Notwendigkeit noch den Nutzen für ein solches Zirkular ein, da man es bei Gelegenheit mündlich den fremden Gesandten sagen kann, die es auch ohne eine solche Einschärfung (intimation) wissen. Indessen, wenn dies der Wille des Königs ist, so muß ich auch diese Demütigung über mich ergehen lassen wie so viele andere." *) Für die Beziehungen, welche Hertzberg als Minister zu der Presse unterhielt, ist es charakteristisch, daß er Wert darauf legte, den Berliner Blättern selbst ein communiqué über seinen Rücktritt zugehen zu lassen. Nachdem der von ihm vorgeschlagene Text die Zustimmung des Ministeriums gefunden hatte, übersandte er den Zeitungsexpeditionen folgende Notiz: „Seine Königliche Majestät haben dero Staats-, Kriegs- und Kabinettsminister, Grafen von Hertzberg, auf dessen wiederholtes Ansuchen von dem Departement der auswärtigen Geschäfte in Gnaden zu dispensieren ge-

holländische Gesandte zu intervenieren suchten. Es klingt dies jedoch unwahrscheinlich, da wenigstens Schulenburg das unhaltbare Verhältnis zwischen dem Könige und Hertzberg zu gut kannte, um Versöhnungsversuche zu machen.

*) Der einzige Gesandte in Berlin, der, soweit aus den Akten ersichtlich, einem Bedauern über den Rücktritt Hertzbergs amtlich Ausdruck gab, war der Vertreter des Herzogs von Zweibrücken. Derselbe schrieb am 21. Juli: „Seine Hoheit, der Herzog ... hat Sein aufrichtigstes Bedauern nicht zurückhalten können über die Entfernung (éloignement) eines tugendhaften und aufgeklärten Ministers, der Ihm so viele Beweise der günstigsten Gesinnungen für die Interessen des erlauchten pfalzgräflichen Hauses gegeben hat."

ruhet, mit Beibehaltung seines Platzes in dem Staatsministerium und der übrigen vorhin gehabten Kommissionen."

In politischen Kreisen herrschte über die Gründe der Entlassung Hertzbergs ziemlich allgemein die Ansicht, daß er dem neuen Bündnis mit Österreich und den Intriguen der Berliner Hofpartei zum Opfer gefallen sei, nachdem er schon seit Reichenbach das Vertrauen des Königs verloren habe. Hertzberg selbst hat gleich nach der eingetretenen Katastrophe am 9. Juli 1791 in einem vertraulichen Schreiben an Lucchesini den Verhandlungen Bischoffwerders in Wien und Mailand den Hauptanteil an seiner Beseitigung zugeschrieben, zusammen mit dem Umstande, daß man ihn für einen zu eifrigen Preußen halte. Auch in dem 1792 verfaßten Précis seiner diplomatischen Laufbahn behauptet der Minister, infolge einer Verabredung zwischen Friedrich Wilhelm und Leopold entlassen zu sein,*) erwähnt aber gleichzeitig auch, daß man ihm Indiskretionen vorgeworfen habe, ein Fehler, den er zwar zurückweist, der aber nach dem übereinstimmenden Urteil der Zeitgenossen und nach vielen Stellen seiner eigenen Briefe ihm im hohen Grade eigen war und auch von seinem Verehrer Dohm zugegeben, wenn auch entschuldigt wird.**) Dem Könige, welchem Hertzberg wegen seines mit den Jahren zunehmenden rechthaberischen und eigensinnigen Wesens immer antipathischer geworden war, wußte man außerdem übertriebene Vorstellungen von der körperlichen Gebrechlichkeit des zur Zeit seiner Entlassung im 66. Lebensjahre stehenden Staatsmannes beizubringen und geschickt zu insinuieren, daß auch dessen geistige Kräfte in der Abnahme begriffen wären. Der englische Gesandte Ewart nannte ihn im Jahre 1791 einen alten Mann, der nicht mehr wisse, was er thue, so daß es weit besser für ihn selbst wie für den Staat sei, wenn er Emeritus würde. Alle diese politischen und persönlichen Momente mochten zusammenwirken, um Friedrich Wilhelm zu bestimmen, der Thätigkeit Hertzbergs im Auswärtigen Amt endgiltig ein Ziel zu setzen. Möglich, aber bisher nicht erwiesen ist, daß Bischoffwerder und Wöllner die Abneigung des Königs noch verstärkten, indem sie dem liberal

---

*) „Les deux plus grands monarques de l'Europe lui ont fait l'honneur de convenir entre eux pour l'écarter de leurs affaires."

**) „So verschmähte Hertzberg oft die Regeln der Klugheit, welche in großen Geschäften Geheimnis der vorgesetzten Zwecke und der anzuwendenden Mittel anrät. Er sprach mit jedem, der dafür Empfänglichkeit zu haben schien, was von Fremden schlau benutzt wurde und ihm häufig Tadel zuzog."

denkenden Hertzberg geheime Sympathien mit der französischen Revolution, die damals nicht nur in Gelehrtenkreisen, sondern auch unter den jüngeren preußischen Beamten viele Bewunderer zählte, und demokratische Neigungen andichteten. Wöllner wenigstens, der nach der Maßregelung des freisinnigen Ministers v. Zedlitz als Chef der geistlichen Angelegenheiten den Staatsdienst von allen Anhängern der Aufklärung zu reinigen suchte, hatte in dem Auswärtigen Ministerium schon einen „Erzaufklärer", den mit Hertzberg befreundeten Geheimen Legationsrat von Stect, entdeckt und als solchen dem Könige denunziert.*) Als bei einer Meinungsverschiedenheit über die Druckerlaubnis für ein Buch des Professors Villaume das Auswärtige Departement in einem Gutachten vom 18. Februar 1791 den Minister Wöllner ziemlich unverblümt katholisierender Tendenzen beschuldigte, antwortete dieser in seinem Bericht an den König, daß die „beiden alten, schwachköpfigen Leute" — nämlich Hertzberg und Finckenstein — „das von Stect verfaßte Schreiben blindlings unterschrieben hätten." Hertzberg selbst hat unter den Ursachen seines Sturzes niemals die Anschuldigung demokratischer Gesinnungen erwähnt. Eine solche ist allerdings später erhoben, und zwar merkwürdig genug zuerst aus Anlaß einer Rede, die er nach seinem Rücktritt am Geburtstag des Königs in der Akademie über das Thema gehalten hatte, daß eine gute monarchische Regierung jeder republikanischen vorzuziehen sei. Diese Rede wurde in einem Artikel der Gazette de Paris von einem fingierten Chevalier de Ligny besprochen, der ausführte, daß Hertzberg, sonst ein Feind der französischen Revolution, jetzt als ein entschiedener Anhänger und Verbreiter der republikanischen Ideen auftrete. Hertzberg verteidigte sich gegen diese offenbare Verleumdung durch ein Schreiben an den königlichen Kabinettsrat vom 27. November 1791, worin er die gegenwärtigen Minister anklagt, jenen Artikel inspiriert zu haben, um ihn beim Könige anzuschwärzen und noch mehr in Ungnade zu bringen.

Zwar einer Bekämpfung der französischen Revolution im Wege kriegerischer Maßregeln, die Friedrich Wilhelm II. im Anschluß an das Bündnis mit Österreich bald ins Auge zu fassen begann, würde Hertzberg aufs äußerste widersprochen haben. Der erste Schritt auf diesem verhängnisvollen Wege war die am 6. Juli 1791, dem Tage nach der

---
*) Vielleicht besteht ein Zusammenhang zwischen dieser Denunziation Wöllners und der oben mitgeteilten Verfügung des Königs, wonach neben Hertzberg ausdrücklich Stect von aller Kenntnis der Verhandlungen mit Österreich ausgeschlossen bleiben sollte.

Entlassung Hertzbergs, erfolgte Aufforderung Kaiser Leopolds von Padua aus an die Souveräne Europas, eine gemeinsame Erklärung zu Gunsten des von der Revolution bedrohten Ludwigs XVI. an Frankreich zu richten, da, wie Kaunitz es ausdrückte, die Kontagion von Grundsätzen der Insubordination und Licenz, wie sie von Frankreich ausgehe, allgemeine Aufmerksamkeit erheische. Friedrich Wilhelm, auf den die letzten Ereignisse in Frankreich und namentlich die mißglückte Flucht des französischen Königspaares tiefen Eindruck gemacht hatten, erklärte, über die Vorschläge des vorsichtigen Leopolds hinausgehend, sich sofort zu aktiven Maßregeln und militärischen Demonstrationen bereit, trotz der Warnungen und Bedenken seiner Minister. Damit war das von Hertzberg vertretene politische System, Preußens Kräfte nur für preußische Interessen einzusetzen, aufgegeben, und es begann ein neuer Kurs, der über Pillnitz zu dem Bündnisvertrage zwischen Österreich und Preußen vom 7. Februar 1792 und zur Teilnahme Preußens an dem Kriege gegen Frankreich führte. In diesem Zusammenhange betrachtet, gewinnt die Entlassung Hertzbergs eine geschichtliche Bedeutung, die, von der Nachwelt noch klarer erkannt, schon den Zeitgenossen nicht entgangen ist. Kaunitz wußte wohl, wie vorteilhaft sich die Lage zu Gunsten Österreichs verwandelt hatte, als nicht mehr der wachsame und unermüdlich thätige Hertzberg, sein alter Gegner, der politische Ratgeber des preußischen Königs war, sondern Bischoffwerder, der Mann nach dem Herzen von Kaunitz,*) ein unfähiger politischer Dilettant, gegen dessen Einfluß mit Hertzberg die letzte Schranke gefallen war. Friedrich Wilhelm II. besaß nicht, wie Friedrich der Große, die Fähigkeit, sein eigener Minister zu sein. Er ließ sich von momentanen Aufwallungen bestimmen, ohne die Gesamtlage zu übersehen, war zur Unzeit energisch und zur Unzeit nachgiebig, so daß in fast allen Fällen, wo er durch persönliche Entschließungen in den Gang der auswärtigen Politik eingriff, Übereilung und Verwirrung die Folgen waren. Baron Spielmann, der Leopold nach Pillnitz begleitete, spottete in den unehrerbietigsten Ausdrücken über die Geschäftsunkenntnis des preußischen Herrschers, der stets von den Impulsen eines Günstlings abhänge. Und Georg Forster sprach die Meinung vieler preußischer Patrioten aus, wenn er in seinen Deklamationen vor den Mainzer Klubisten von Friedrich Wilhelm sagte: „Er weiß nicht zu sparen, nicht zu fechten, nicht zu denken wie sein

---

*) „Homo es secundum cor meum" hatte Kaunitz zu Bischoffwerder gesagt, wie dieser selbst nach Berlin meldete.

Oheim Friedrich, er hat Friedrichs kluge Diener entlassen, und Hertzberg, der ihn retten könnte, ist von Geistersehern und windigen Hofschranzen verdrängt."*)

VI. Hertzberg nach seiner Entlassung. Sein Tod und seine geschichtliche Bedeutung.

Es lag nicht in der Natur Hertzbergs, sich in die Rolle eines unthätigen Zuschauers der politischen Ereignisse, an welchen er als preußischer Minister 28 Jahre hindurch aktiven Anteil genommen hatte, mit Gleichmut zu finden. Das Bewußtsein der unverdienten Ungnade lastete so schwer auf ihm, daß er schon wenige Wochen nach seiner Entlassung den ersten Versuch machte, eine persönliche Aussprache mit dem Könige herbeizuführen, um den wahren Grund von dessen Unzufriedenheit zu erfahren und sich gegen die Anschuldigungen seiner Feinde zu verteidigen. In einer von zwei langen Denkschriften begleiteten Eingabe vom 1. August 1791 schildert er ausführlich seine traurige Lage, erklärt die Annahme, daß er mit den über seine dienstliche Stellung getroffenen Arrangements zufrieden sei, für irrig, verwahrt sich gegen die Zweifel an seiner Diskretion und Arbeitskraft und behauptet, in unerhörter Weise persönlichen Einflüssen und den Interessen des Auslandes geopfert zu sein. „Wenn dies alles," so schließt die Eingabe, „keinen Eindruck auf den Geist Ew. Majestät macht, so muß ich mich mit dem Schicksal des Aristides**) trösten."

Der König, keineswegs geneigt, sich mit seinem alten Minister in mündliche Auseinandersetzungen einzulassen, antwortete, daß er, im Begriff nach Schlesien abzureisen,***) bedauere, ihn erst später sehen zu können, versicherte ihn aber seiner dauernden Achtung und Freundschaft. Allein auch nach der Rückkehr aus Schlesien vermied der König jede Unterredung mit Hertzberg; er ließ ihn freilich während eines Besuches der Prinzessin von Oranien, die dem Minister wegen dessen erfolgreicher Intervention in den holländischen Angelegenheiten ein dankbares Andenken bewahrte, einige Male zu Mittagsgesellschaften einladen, richtete aber nie das Wort an ihn, so daß Hertzberg sich durch diese geringschätzige Behandlung in Gegenwart des Hofes und der

---

*) Forsters Rede über das Verhältnis der Mainzer gegen die Franken, gehalten in der Gesellschaft der Volksfreunde am 15. November 1792.

**) Der Vergleich mit Aristides, der wegen seiner Gerechtigkeit in die Verbannung gehen mußte, findet sich auch in andern gleichzeitigen Briefen Hertzbergs.

***) In Wirklichkeit fand die Abreise erst am 16. August statt.

Gesellschaft, die das Beispiel des Königs nachahmte, gekränkt und gedemütigt fühlte. Trotzdem ließ er nicht ab, den König mit neuen Bittschriften zu bestürmen. Er verlangte, wenigstens äußerlich, vor den Augen der Welt mit derjenigen Achtung behandelt zu werden, die ein patriotischer und in Ehren ergrauter Minister erwarten könne. Mitunter durchbrach diese Klagen noch ein Ausdruck seines alten Selbstgefühls. So schrieb er am 6. Dezember 1791: „Ich beanspruche kein anderes Departement, obgleich ich mich für alle tauglich halte, sowohl wegen meiner langen Erfahrung und meiner Kenntnis der lokalen und ökonomischen Bedürfnisse des Landes, als auch mit Rücksicht auf meine Gesundheit, welche diejenige eines jungen Mannes ist." Bescheidener klang es schon, wenn er sich im Februar des folgenden Jahres erbot, dem Kronprinzen Vorlesungen zu halten über das öffentliche Recht Preußens und des Hauses Brandenburg, in Fortsetzung früherer Vorträge über allgemeine deutsche und brandenburgische Geschichte. „Ce serait une sorte de réhabilitation pour moi" bemerkt Hertzberg bei diesem Gesuche. Aber der König ließ erwidern, daß die seinem Sohn in Berlin zur Verfügung stehende Zeit zu kurz wäre, als daß solcher Unterricht mit Nutzen gegeben werden könnte. Im übrigen fanden die persönlichen Klagen des Ministers, deren Ton in den nächsten Jahren immer weinerlicher und greisenhafter wird, keine Antwort mehr. Auch die Einladungen zu den königlichen Mittagstafeln blieben aus, nur zu einigen Abendgesellschaften wurde Hertzberg noch befohlen, was er in seinen Korrespondenzen als ein weiteres Zeichen für die steigende Ungnade des Königs anführt.

Inzwischen hatte der Minister, dessen Arbeitskraft und Schreiblust in der That noch ungeschwächt waren, seine dienstliche Muße benutzt um den 3. Band seiner Staatsschriften, welcher politische Dokumente aus der preußischen Geschichte der Jahre 1789 und 1790, darunter besonders eine Schilderung der Reichenbacher Verhandlungen, enthält, fertig zu stellen. Er übersandte ein Druckexemplar im Februar 1792 dem Könige mit der Bitte um Erlaubnis zur Veröffentlichung und beantragte gleichzeitig den Erlaß einer Ordre, wodurch ihm für seine Bearbeitung der Geschichte Friedrichs des Großen die uneingeschränkte Benutzung der königlichen Archive gestattet würde. Der Minister Schulenburg, hierüber zu einem Gutachten aufgefordert, sprach sich dahin aus, daß Hertzberg zu hinfällig sei, um im Ernst daran denken zu können, ein so umfangreiches Werk, wie die Geschichte Friedrichs des Großen, zu vollenden. Da er schon während seiner letzten Amtszeit durch indiskrete Mitteilungen das Mißfallen des Königs erregt habe, so erscheine es bedenklich, ihm den freien Zugang zu den Archiven und den direkten Verkehr mit den Archivbeamten zu gestatten. Es würde besser sein, ihm auf seinen jedesmaligen Antrag nur bestimmte Dokumente nach dem Ermessen des Auswärtigen Ministeriums zur Durchsicht auszuhändigen. Was die Veröffentlichung des 3. Bandes der Staatsschriften betreffe, so empfehle es sich, die nachgesuchte Genehmigung zu versagen. Schulenburg selbst habe den Band nicht gelesen, aber von anderen gehört, daß derselbe starke Tiraden gegen den Wiener Hof enthalte, und fürchte daher, daß auch sonstige fremde Mächte sich durch den Inhalt beleidigt fühlen könnten. Auch hätte das Manuskript vor der Drucklegung dem Könige eingereicht werden müssen. Der König genehmigte die Vorschläge dieses Gutachtens, welchem der vorsorgliche Schulenburg noch die Bemerkung beigefügt hatte, daß Hertzberg sicher auf seine Anträge zurückkommen werde (il reviendra à la charge) und daß man dann gut thäte, ihm nicht mehr zu antworten. Hertzberg, welcher hiernach durch eine von Schulenburg entworfene königliche Kabinetts-Ordre beschieden wurde, erklärte entrüstet, daß unter den angeordneten Einschränkungen die Benutzung der Archive für ihn wertlos sei und daß man es ihm dadurch unmöglich mache, die Geschichte Friedrichs des Großen zu schreiben.*) Noch mehr erbitterte ihn vielleicht das Verbot der Veröffentlichung des 3. Bandes seiner Schriften, welcher, wie er bei Einsendung desselben dem königlichen Kabinettsrat mit mehr Offenherzigkeit als Klugheit schrieb, bestimmt war, den Ruf seines Ministeriums zu retten. Man wird das Verbot für jene Zeit übrigens nicht ungerechtfertigt finden können, denn, wenn das beanstandete Werk auch keineswegs Tiraden gegen den Wiener Hof enthält, von denen Schulenburg gehört haben wollte, so

---

*) Die Kunde, daß Hertzberg mit einer Biographie Friedrichs II. beschäftigt sei, begeisterte eine poetische Mitarbeiterin an der Berlinischen Monatsschrift, Frau Susanne v. Bandemer, zu einem Gedicht (Februar-Nummer 1792), worin Klio folgende Worte an Hertzberg richtet:

„Dies Werk, so sprach sie, kann nur der vollenden,
Der seines Königs Rat
Und Freund und Zeuge war, der fünfzig Jahr dem Staat
Sich ganz geweiht und ißt verdiente Ruh gefunden.

Empfang auch diesen Kranz, dem großen Mann gewunden,
Der in den heil'gen Feierstunden
Als Friedrichs Biograph der Ehren höchste fand."

verfolgt der fortlaufende Kommentar, mit welchem die darin abgedruckten Dokumente begleitet sind, doch offenbar den Zweck, nachzuweisen, daß bei Annahme der von Hertzberg empfohlenen Maßregeln die Ereignisse sich für Preußen günstiger gestaltet haben würden, ein Nachweis, dessen öffentliche Begründung und publizistische Verbreitung nicht im Interesse der preußischen Politik liegen konnte. Das königliche Verbot vermochte freilich nicht zu verhindern, daß der dritte Band der Staatsschriften bald darauf ohne Angabe des Druckortes in Hamburg erschien, ob mit oder ohne Zuthun des Verfassers, ist unbewiesen.*)

In das Jahr 1792 fällt noch ein merkwürdiger Versuch des französischen Generals Dumouriez, der damals Minister des Auswärtigen und Kriegsminister war, mit Hertzberg in Verbindung zu treten, um durch dessen Vermittelung Preußen von einer Beteiligung an dem zwischen Frankreich und Österreich ausgebrochenen Kriege abzuhalten. Ein gewisser de Bays, der sich durch seinen Paß als französischer Legationssekretär legitimierte, erschien bei Hertzberg mit Instruktionen von Dumouriez, die Friedensvorschläge an Preußen enthielten, und mit einem Privatbriefe des letzteren an Hertzberg, worin um dessen Unterstützung bei der Erhaltung des Friedens gebeten wurde. In den Instruktionen, welche de Bays vorlegte, war über Hertzberg gesagt, daß dessen gegenwärtige Ungnade nicht so vollständig sei, daß er allen Einfluß verloren haben könne. „Ich weiß sicher", fährt Dumouriez fort, „nach einer Privatkorrespondenz des früheren Ministers und nach den weisen Grundsätzen seiner tiefen Politik, daß er durchaus ein Widersacher des Bündnisses mit Österreich ist, welches nur ein den Bedürfnissen des Augenblicks dienendes Band und den wahren Interessen der preußischen Monarchie vollständig entgegengesetzt ist. Die Ungnade dieses Ministers ist eine Frucht der Rache Kaiser Leopolds, und das Opfer des alten Ministers, welches Friedrich Wilhelm gebracht hat, war zugleich das Opfer des richtigen Systems, welches diesen Monarchen immer hätte leiten sollen." Hertzberg

---

*) In einem Briefe an den Göttinger Professor Schlözer vom 28. März 1793 schreibt Hertzberg, daß er von diesem Bande, den noch niemand besitze, 1500 Exemplare in Händen habe. Der mit Hertzberg befreundete Professor Brunn in Berlin erhielt von ihm später ein Exemplar des dritten Bandes heimlich als Geschenk. Auffällig ist, daß in der Ausgabe der Hertzbergschen Recueils bei der bekannten Buchdruckerfirma Firmin Didot in Paris der dritte Band die Jahreszahl 1792 trägt, während die in Deutschland erschienenen Ausgaben das Jahr 1795 aufweisen.

meldete den Besuch dieses französischen Emissärs *) dem Könige und scheint auch die Vorschläge von Dumouriez, deren Inhalt aus den vorliegenden Papieren nicht ersichtlich ist, eingereicht zu haben. Wenigstens bedauerte er später wiederholt die Ablehnung dieser Vorschläge, durch deren Annahme, wie er behauptete, der Krieg mit Frankreich vermieden und Leben und Thron Ludwigs XVI. gerettet worden wären. Die wohlberechneten Komplimente des französischen Generals über die Talente, die Philosophie und die Einfachheit der Sitten von Hertzberg wurden dankbar aufgenommen, letzterer sah in Dumouriez auch nach dessen Niederlage bei Neerwinden den einzigen Mann, welcher die republikanischen Machthaber in Frankreich aus dem Sattel heben und eine monarchische Restauration herbeiführen könnte.

Zu der Bitterkeit, welche Hertzberg über seine persönliche Behandlung empfand, gesellte sich der aufrichtige Schmerz des Patrioten über die nach seiner Überzeugung verkehrte und unheilvolle Politik, welche Preußen zu dem Bündnis mit Österreich und zu der Beteiligung an dem Kriege gegen die französische Revolution geführt hatte. Er konnte sich nicht enthalten, auch über dieses Thema zahlreiche Denkschriften und Eingaben an den König zu richten mit politischen und militärischen Ratschlägen, die oft sehr seltsamer Natur waren, dabei aber mit der Zuversicht eines Mannes vorgetragen wurden, der mitten in den Geschäften steht und sich zum Retter des gefährdeten Staates berufen glaubt. So nennt er einen im Dezember 1792 von ihm entworfenen Plan einer allgemeinen Pazifikation den allein möglichen und in der gegenwärtigen Krisis durchaus notwendigen. Er ging so weit, dem Könige die Offiziere zu bezeichnen, welche die geeignetsten für bestimmte Kommandos wären, unter andern empfahl er seinen Verwandten, den Generalmajor Grafen v. Hertzberg, für die Führung

---

*) Die Bekanntschaft mit de Bays, der später französischer Konsul in Ostende war, hatte noch ein unangenehmes Nachspiel für Hertzberg, welcher die Unvorsichtigkeit besaß, sich mit ihm in eine weitere Korrespondenz über politische Angelegenheiten einzulassen. Im März 1793 wurde im „Moniteur" ein an de Bays gerichteter Hertzbergscher Brief publiziert, der einen indirekten Tadel über die Art der letzten preußischen Erwerbungen in Polen enthielt. Eine andere französische Zeitung, die „Gazette Nationale de France", reproduzierte diesen Brief mit dem ohne Zweifel von Berliner Freunden des Exministers veranlaßten Zusatz, daß Hertzberg gegenwärtig an einer höfischen Denkschrift (Mémoire de courtisan) arbeite, um die neuesten Erwerbungen des preußischen Königs in Polen zu rechtfertigen. Hertzberg, tief entrüstet über den ihm gemachten Vorwurf der Gesinnungslosigkeit, wendete sich an die Redaktionen verschiedener deutscher und französischer Blätter wegen Aufnahme einer Berichtigung gegenüber den Insinuationen der „Gazette Nationale".

Seine öffentliche Kritik politischer Maßnahmen.

eines nach Wesel zu entsendenden Truppenkorps. Noch eigentümlicher erscheint es, wenn er dem Könige den von dem österreichischen Rat Birkenstock*) verfaßten Entwurf einer an die französische Nation gerichteten Verteidigungsrede für Ludwig XVI. einreicht und alles Ernstes rät, einen preußischen Offizier nach Paris zu schicken, damit dieser öffentlich, gleichsam als ein Herold, die Rede vor dem versammelten Konvent zur Verlesung bringe, in ähnlicher Weise, wie einst Cineas als Gesandter des Pyrrhus eine Botschaft im römischen Senat verlas.

Wenn derartige Vorschläge, die dem Könige wohl kaum zu Gesicht kamen, einen harmlosen Charakter trugen und unbeachtet bei Seite gelegt werden konnten, so wurde es in amtlichen Kreisen um so übler vermerkt, daß Hertzberg bei jeder Gelegenheit mündlich und schriftlich seinem Unmut über die Wendung der politischen Angelegenheiten öffentlichen Ausdruck gab und insbesondere die Maßregeln des Auswärtigen Ministeriums in den polnischen und französischen Verwickelungen aufs schärfste kritisierte. Es kann keinem Zweifel unterliegen, daß er in diesem Sinne gelegentlich auch auf die Presse einzuwirken suchte, zu welcher er aus den Zeiten seiner ministeriellen Stellung Beziehungen hatte.**) Da ein solches Verhalten für staatsgefährlich angesehen wurde, erging Anfang 1793 ein königlicher Befehl, die gesamte Korrespondenz von Hertzberg regelmäßig anzuhalten und einer Durchmusterung zu unterziehen. Der Hofpostmeister Seegebarth in Berlin öffnete die aufgefangenen Briefe und überreichte bei solchen, in denen sich Bemerkungen über Staatsangelegenheiten befanden, dem königlichen Kabinett eine Abschrift, während das Original an den Minister Schulenburg ging, der, je nach dem Inhalt, die Beschlagnahme oder die Absendung an den Adressaten verfügte. Unter den ersten Briefen***), welche in dieser Weise intercipiert und dem Könige vorgelegt wurden, war einer an den Bischof von Oliva, Grafen Hohenzollern, gerichtet mit Be-

---

*) Derselbe war Beamter in der österreichischen Staatskanzlei. Bekannt ist seine lateinische Lobschrift auf Friedrich den Großen (Wien 1786), welche Hertzberg ins Deutsche übersetzen und in Berlin herausgeben ließ.

**) Dahin gehörten in Hamburg das „Politische Journal" und der „Unpartheyische Correspondent", in Berlin die „Berlinischen Nachrichten", die „Königliche Privilegirte Berliner Zeitung", die „Berlinische Monatsschrift", in Cleve der „Courier du Bas-Rhin".

***) Im Geheimen Staatsarchiv zu Berlin befindet sich ein aus dem Nachlaß von Lucchesini stammender Aktenband mit Abschriften der in der Zeit vom Februar 1793 bis August 1794 intercipierten Briefe Hertzbergs.

merkungen über die bevorstehende Besetzung von Danzig durch preußische Truppen, wobei Hertzberg sein Bedauern aussprach, daß ihm der Neid seiner Feinde nicht vergönnt habe, diese Stadt im Jahre 1790 auf Grund gerechter und ehrenvoller Abmachungen für Preußen zu erwerben. Ein anderer Brief, dessen Adressat der Journalist Manzon, Redakteur des in Cleve erscheinenden „Courier du Bas=Rhin",*) war, enthielt neben sonstigen politischen Betrachtungen eine Prophezeiung Hertzbergs, daß Frankreich wie einst die römische Republik in dem Koalitionskriege gegen die monarchischen Mächte siegreich bleiben und die neuerdings von ihm beanspruchten natürlichen Grenzen erhalten werde und zwar nicht infolge einer Überlegenheit der Franzosen, sondern vielmehr wegen der Uneinigkeit und Nachlässigkeit ihrer Feinde. Friedrich Wilhelm war über diese Bemerkungen so erzürnt, daß er einen höheren Militär, den Generalmajor v. Geusau, an Hertzberg schickte, um ihn zur Rede zu stellen und im Namen des Königs zu befehlen, sich künftig weder mündlich noch schriftlich über politische Dinge zu äußern. Geusau scheint sich dieses Auftrages mit Schonung entledigt zu haben und suchte in seinem Berichte das Benehmen Hertzbergs in einem möglichst günstigen Lichte darzustellen. Er bemerkt, daß der Minister, welcher mit Thränen im Auge seine Unschuld beteuerte, sich wenigstens in letzter Zeit im Reden größere Reserve auferlege und weniger aus böser Absicht handle als sich aus Unvorsichtigkeit und Animosität zu falschen Schritten verleiten lasse. „Ich beschwor und bat ihn", fährt Geusau fort, „daß er sich künftig von allem Reden und Schreiben enthalten solle, das die jetzigen politischen Angelegenheiten betreffe. Ich ließ ihm bemerken, daß ein dergleichen ganz stilles, friedliches und abgemessenes Verhalten das einzige Mittel wäre, das ihm vielleicht Euer Königlichen Majestät Gnade erhalten und, wenn er Feinde hätte, ihn vor deren Verfolgung sicherstellen könnte. Ich stellte ihm das Exempel anderer Staatsleute vor Augen, deren stilles und kluges Betragen ihnen auch nach ihrer Entfernung von den Staatsgeschäften allgemeine Hochachtung erworben habe." Hertzberg beteuerte denn auch mit Hand und Mund, sich künftig ruhig verhalten zu wollen, und schrieb seinerseits einen langen Ent=

---

*) Dieses Blatt wurde schon zu Zeiten Friedrichs II. für offiziöse Auslassungen der preußischen Regierung regelmäßig benutzt, so daß, als die Pforte sich über die politischen Intentionen Preußens im Jahre 1781 zu informieren wünschte, der König dem Großvezier empfehlen ließ, sich auf den „Courier du Bas=Rhin" zu abonnieren.

schuldigungsbrief an den König: „Ich verspreche Euer Majestät hierdurch bei Ehre und Religion, daß ich Alles, was Sie mir obgedachtermaßen befehlen und verbieten lassen, heilig beobachten werde, sowie mein Gewissen mir bezeugt, daß ich es auch bisher gethan habe". Er verspricht dann, sich noch mehr von aller Gesellschaft und Korrespondenz fernzuhalten und auf dem Lande zu leben, er beschwört den König, ihn nicht auf Angabe seiner Feinde ungehört zu verdammen und auf seine alten Tage zu entehren, nachdem er dem Könige von dessen erster Jugend an und als Kronprinz mit einem feurigen und für Hertzberg gefährlichen Attachement gedient habe.

Diese Bitten und Versprechungen verfehlten jedoch ihren Eindruck auf Friedrich Wilhelm, da inzwischen eine neue Einmischung Hertzbergs in das Auswärtige Ressort entdeckt war, die, an sich nicht sehr gravierender Natur, durch allerlei Nebenumstände zu einer Art von Staatsaktion aufgebauscht wurde. Es handelte sich diesmal um eine durch den preußischen Legationssekretär in Konstantinopel, Baron Stein, vermittelte Korrespondenz mit Mohammed Raschid, dem Reis-Efendi der hohen Pforte. Diesem hatte Hertzberg in Erinnerung an frühere amtliche Beziehungen im November 1792 einen Glückwunsch zum Wiedereintritt in das Auswärtige Ministerium geschrieben und dabei seines eigenen Rücktrittes gedacht, durch welchen der Plan eines großen föderativen Systems, welchem auch die Pforte angehören sollte, zu Fall gekommen sei, ebenso wie die Absicht, Preußen vertragsmäßig die freie Schiffahrt auf dem Mittelmeer und Schutz gegen seeräuberische Angriffe auf seine Handelsschiffe zu sichern. Stein sei von Hertzberg beauftragt, hierüber mit dem Reis-Efendi zu sprechen, und könne das Organ einer weiteren freundschaftlichen Korrespondenz über die gemeinschaftlichen Interessen beider Staaten werden. Zur Überreichung dieses Schreibens hatte Stein ohne Vorwissen seines Chefs, des Gesandten v. Knobelsdorf, eine Audienz bei dem Reis-Efendi nachgesucht und erhalten. Als dies jedoch ruchbar ward und auch unter den fremden Vertretern in Konstantinopel, die geheime preußische Pläne hinter einem so ungewöhnlichen Vorgang witterten, Aufregung hervorgerufen hatte, ließ der preußische Gesandte den Legationssekretär verhaften und dessen Papiere, unter denen sich auch die Korrespondenz mit Hertzberg befand, beschlagnahmen. Groß war die Entrüstung des Königs, als er durch den Bericht v. Knobelsdorfs Kenntnis von diesen Ereignissen erhielt, die zu beweisen schienen, daß Hertzberg versucht hatte, hinter dem Rücken der offiziellen preußischen

Vertretung in Konstantinopel politische Verbindungen mit den türkischen Machthabern anzuknüpfen.

Lucchesini, welcher sich damals im königlichen Hauptquartier zu Frankfurt befand, erhielt den Auftrag, Hertzberg auf das Pflichtwidrige dieses Benehmens und die Folgen weiteren Ungehorsams hinzuweisen. Der Marquis hatte den früher so regen schriftlichen Verkehr mit seinem alten Freunde nach dessen Entlassung unter Hinweis auf das ergangene Verbot politischer Privatkorrespondenzen abgebrochen und, da er den Charakter Hertzbergs genau kannte, ihn ausdrücklich gewarnt, sich nicht mit Journalisten, Litteraten und Pamphletisten, welche der Konfidenzen eines gewesenen Ministers unwürdig seien, einzulassen, sondern mit der Leitung der Akademie, der Aufsicht über den Seidenbau und geschichtlichen Arbeiten seine Muße auszufüllen.*) Jetzt handhabte er seine scharfe und spitze Feder wie ein Stilett, um das Gemüt seines Gönners und Wohlthäters, den er einst den Schutzgeist der preußischen Monarchie genannt hatte, grausam zu verwunden. „Ihr Betragen und Ihre Korrespondenzen," schrieb er an Hertzberg in der von ihm verfaßten königlichen Kabinetts-Ordre vom 3. März 1793, „zeigen weder die Klugheit des Staatsmannes noch die Mäßigung des Philosophen, mit der Sie sich in den Augen unparteiischer Menschen und der Nachwelt schmücken wollen. Ihr Rücktritt vom Ministerium mußte Ihnen das Gesetz auferlegen, keinem Gedanken einer Einmischung in politische Angelegenheiten Raum zu geben, zumal Sie darauf rechnen konnten, daß Ich nie die Idee gehabt habe, Sie mit der Leitung derselben aufs neue zu betrauen. Nach dem ausdrücklichen Verbot, welches Ich Ihnen darüber zugehen ließ, und nach Ihrem wiederholten Versprechen, sich demselben zu unterwerfen, sind die Übertretungen doppelt schuldbar, die Sie sich so oft erlaubt haben und die Sie alle Tage zu wiederholen wagen. Die Gerechtigkeit, welche Sie mit einer affektierten Zuversicht anrufen, verlangt, daß Sie ungesäumt in die Hände Meines Generalmajors v. Geusau alle Papiere ausliefern, die sich auf Ihre Korrespondenz mit Mohammed Raschid beziehen." Hertzberg beeilte sich, diesem Befehle Folge zu leisten, und der ihm wohlgesinnte Geusau unterließ nicht, bei Einsendung der ausgelieferten Schriftstücke, die übrigens nichts Kompromittierendes enthielten, beschwichtigend zu melden, daß der Minister jetzt wirklich anfange, bei seinen Reden und Äußerungen in Gesellschaften sich mit vieler Zurückhaltung zu betragen und selbst

---

*) Nach dem undatierten Konzept eines Schreibens von Lucchesini an Hertzberg, das anscheinend in den Oktober 1791 fällt.

auf seiner Hut zu sein, wenn ihn jemand absichtlich zu reizen suche. Die in einem sehr kleinlauten Tone vorgetragene und mit einer Bitte um Verzeihung begleitete Rechtfertigung Hertzbergs ging dahin, daß es nicht seine Meinung gewesen sei, den Legationssekretär Stein zu verleiten, sich ohne Wissen seines vorgesetzten Gesandten mit dem Reis-Efendi in Verbindung zu setzen und daß es sich bei der Korrespondenz mit dem letzteren nur um eine kommerzielle Angelegenheit und nicht um hohe Politik gehandelt hätte. In der That war die vertragsmäßige Sicherung der preußischen Schiffahrt im Mittelmeer gegen die Piraterien der Barbareskenstaaten ein alter Lieblingswunsch Hertzbergs, auf den er während seiner amtlichen Laufbahn bei jeder Gelegenheit zurückkam,*) so daß man seinen jetzigen, allerdings ungeschickten und inkorrekten Versuch, den ihm bekannten türkischen Minister durch einen Privatbrief für diese Sache günstig zu stimmen, vielleicht milder hätte beurteilen können, als es in der abermals von Lucchesini verfaßten Antwort des Königs auf die Entschuldigungen Hertzbergs geschah. „Sie haben sich selbst das Urteil gesprochen," hieß es darin, „wegen dieser Korrespondenz, welche ebenso Meinen ausdrücklichen, unzweideutigen und wiederholten Befehlen zuwiderläuft, als unschicklich durch den Ton ist, in welchem Sie sich erlauben, Meine gegenwärtige Haltung zu beurteilen, mit jenem Übermaß von Eigenliebe, der Sie endlich ein für allemal Schweigen gebieten sollten. Ich wiederhole Ihnen daher zum letztenmale das Verbot, mit Meinen Gesandten oder mit irgend einer

---

*) Noch in der letzten öffentlichen Rede, die Hertzberg bei der Übergabe einer Sammlung pommerscher Urkunden am 10. Oktober 1793 im Gymnasium von Stettin hielt, rühmt er sich, Stettin und den anderen preußischen Seestädten durch den Vertrag mit der Türkei von 1790 freie und sichere Schiffahrt in allen türkischen Meeren verschafft zu haben, und setzt hinzu, „ich würde ihnen noch eben die Sicherheit von den seeräuberischen Mächten der mittelländischen See verschafft haben, wenn mein widriges Schicksal solches nicht verhindert hätte." Auch sonst zeigte Hertzberg mehr Verständnis für die maritimen Interessen Preußens wie die meisten seiner Zeitgenossen. Obgleich er die Gründe Friedrichs II. gegen eine preußische Kriegsflotte im allgemeinen als zutreffend anerkannte, meinte er doch, daß eine kleine Seemacht von vier oder sechs Fregatten, die dem Staat vielleicht 100 000 Thaler im Jahr kosten würden, nützlich sein könne, insbesondere um die Handelsschiffe in Kriegszeiten zu begleiten und im Mittelmeer gegen seeräuberische Angriffe zu schützen. Auch die Erwerbung einer kleinen Tropeninsel, wie St. Thomas oder Tabago, hielt Hertzberg für angezeigt, um dort Kaffee, Kakao, Zucker und Indigo, wofür Preußen jährlich viele Tausende an das Ausland bezahlen müsse, zu kultivieren und ein weiteres Absatzgebiet für die Leinwand aus Schlesien und Westfalen zu gewinnen. — Brief Hertzbergs an den Prinzen von Preußen vom 4. Februar 1781.

andern Person in Meinen Staaten oder im Auslande Korrespondenzen zu unterhalten, in denen direkt oder indirekt, beiläufig oder mit bewußter Absicht von politischen Dingen die Rede ist. Sie können Dinge aus der Zeit Ihrer Aktivität in Meinem Ministerium nicht berühren, ohne das Geheimnis zu verletzen, welches Ihnen Ihre ministerielle Stellung auferlegt, und Sie können sich nicht in Angelegenheiten mischen, welche in die Zeit nach Ihrem Rücktritt fallen, ohne ungehorsam gegen Meine Befehle zu sein. Sie haben jetzt nur noch die Wahl zwischen der strengsten Ausführung dieser Befehle und den unausbleiblichen Folgen Ihres Ungehorsams."

Trotz dieser Drohungen und Ermahnungen hat sich Hertzberg nicht soweit überwinden können, daß er die Politik, welche doch immer die Hauptbeschäftigung seiner Gedanken blieb, ganz aus seiner Korrespondenz verbannt hätte. Die Zahl der Briefe, welche der wachsame Hofpostmeister Seegebarth „wegen ihres von Staatsangelegenheiten redenden Inhalts" sowohl in 1793 wie in 1794 dem Könige und dem Ministerium vorlegte, ist eine recht bedeutende, noch bedeutender vermutlich die Zahl der Briefschaften, welche Hertzberg, dem das Vorgehen des Berliner Postamts nicht verborgen bleiben konnte, unter Deckadressen oder mit sonstigen Kunstgriffen durchzuschmuggeln wußte. Doch sind die politischen Äußerungen in den späteren Korrespondenzen inhaltlich weniger anstößig und meist von so gedämpfter Tonart, daß sie dem frondierenden Staatsmanne anscheinend keine weiteren Unannehmlichkeiten zugezogen haben. Er schrieb nach wie vor an Generäle, Gesandte, Konsuln und sonstige Beamte Briefe, die Betrachtungen über die eigene und über die Lage der öffentlichen Angelegenheiten enthalten. Man gewinnt den Eindruck, daß er überhaupt keine Schreiben abfassen konnte, ohne politische Notizen einzustreuen. Er verfolgte mit Interesse, wie Schulenburg,*) der im Gegensatz zu Alvensleben und Finken-

---

*) Schulenburg machte als Minister des Auswärtigen dieselben Erfahrungen mit Friedrich Wilhelm wie Hertzberg. Wichtige Dinge wurden, meist unter dem Einfluß von Bischoffwerder, ohne ihn beschlossen und ausgeführt, die politischen und finanziellen Interessen Preußens durch die unüberlegte Großmut des Königs geschädigt. Man glaubt Hertzberg zu hören, wenn Schulenburg während des französischen Feldzuges an seine in Berlin zurückgebliebenen Kollegen schreibt: „Es ist ein Unglück, daß man hartnäckig fortfährt, diejenigen nicht zu hören, die pflichtmäßig berufen sind, über die Staatsinteressen zu wachen," und wenn er seine traurige und peinliche Lage beklagt, unter der seine Gesundheit mehr und mehr leide. Das Ministerium mußte machtlos zusehen, wie der König, nach einer detaillierten Berechnung von Alvensleben, ohne Rücksicht auf die leeren Staatskassen fast $5^1/_2$ Millionen Francs an die französischen Prinzen und deren Anhang verschwendete.

stein, die kriegerische Politik Friedrich Wilhelms gegen Frankreich anfangs mit Eifer vertreten hatte, aber ein Gegner der französischen Emigranten war, bald wegen der unzeitigen und unpolitischen Nachgiebigkeit gegen die Ansprüche der letzteren in Differenzen mit dem Könige geriet und sich mißmutig aus dem Kabinettsministerium zurückzog. Hertzberg bezeichnete sich selbst in einem Schreiben an den Göttinger Hofrat Schlözer als einen wahren Staatsmärtyrer, der den unglaublichsten Verfolgungen und selbst Mißhandlungen ausgesetzt sei, dessen Briefe man öffne und sie dem Könige schicke in der Hoffnung, darin Material zu finden, um seinen Untergang zu beschleunigen. Als er ohne vorherige königliche Genehmigung eine Reise nach Schlesien gemacht hatte, wurde ihm das Allerhöchste Mißfallen darüber in den schärfsten Worten ausgedrückt. Er verteidigte sich damit, daß er nur im Interesse der seiner Leitung unterstehenden Seidenkultur nach Schlesien gereist sei, und fügte hinzu: „Wenn diese Reisen fortfahren, Seiner Majestät Mißvergnügen zu erwecken, so muß ich mich als Staatsgefangenen betrachten." Natürlich hatte Hertzberg auch in seinen persönlichen und gesellschaftlichen Beziehungen die Erfahrungen durchzumachen, die keinem in Ungnade gefallenen Minister erspart bleiben. Seine intercipierten Briefe sind voll von Beispielen dafür. Der Herzog von Braunschweig hat jeden Verkehr mit ihm abgebrochen, der Bischof von Ermland hat ihn nicht besucht, „vermutlich aus übertriebener Staatsklugheit", ein Korrespondent in Turin schreibt nicht mehr, „pour ne pas déplaire à la Cour", Dohm antwortet auf die Briefe Hertzbergs nicht, Lucchesini vermeidet ihn in Gesellschaften und spricht, wenn Hertzberg ihn anredet, nur über gleichgültige Dinge. Allmählich gelang es dem Minister, sich über solche Züge der Undankbarkeit und Charakterschwäche mit philosophischem Gleichmut zu trösten, zumal er zu bemerken glaubte, daß die öffentliche Meinung in Preußen sowohl wie anderwärts auf seiner Seite stand. Nur das konnte er nie verwinden, daß sein Verhältnis zu dem Könige ein gespanntes blieb und daß nie, auch nur dem äußeren Scheine nach, eine Rehabilitierung oder ein Zeichen wiederkehrender Gnade seitens des sonst so wohlwollenden und leicht versöhnten Monarchen erfolgte. Noch im Dezember 1793 beklagte sich Hertzberg, daß er niemals eine Einladung zur königlichen Tafel erhalte, was auf die vielen Fremden in Berlin einen schlechten Eindruck machen müsse. Wenige Wochen vorher, am 6. Oktober 1793, war im „Moniteur" eine Notiz erschienen, daß der König von Preußen Hertzberg, der ein erklärter Feind Österreichs sei, in das Ministerium des

Äußeren zurückberufen habe. Hertzberg beeilte sich, diese Nachricht zu dementieren und wandte sich zu diesem Zweck an den Redakteur der „Gazette du Bas-Rhin", dem er schrieb: „Glauben Sie es nicht, der König denkt nicht daran, und ich selbst wünsche es ebensowenig."

Im Grunde seines Herzens freilich war der Ehrgeiz, noch einmal eine leitende politische Rolle zu spielen, nie ganz erloschen. Je gefährlicher die Lage Preußens durch den unglücklichen Verlauf des französischen Krieges, durch die Zwistigkeiten mit Österreich und England, durch die polnische Erhebung unter Kosciuszko sich gestaltete, desto eifriger und dringender erteilte Hertzberg seine unerbetenen Ratschläge in immer neuen Denkschriften. „Ich habe," schrieb er an den Grafen Hohenzollern, „dem Könige die Gefahr, worin er sich befindet, ernstlich und patriotisch vorgestellt und ihm das einzige Mittel vorgeschlagen, wodurch er seinen Staat retten kann. Es sind dies die Folgen von den übel gewählten und noch schlechter ausgeführten Bündnissen, welche mit meiner ehemals beobachteten, auf bloßer Gerechtigkeit begründeten Politik nicht übereinstimmen." Die patriotischen Vorstellungen, auf die Hertzberg hier anspielt, sind in drei Denkschriften aus dem Juli 1794 enthalten, welche er dem damals auf dem polnischen Kriegsschauplatz befindlichen Könige übersandt hatte.*) Sie bezeichnen gleichsam das letzte Aufflackern des verlöschenden Hertzbergschen Geistes, sie sind reich an politischen Wahrheiten und nicht minder reich an fast unbegreiflichen Äußerungen einer eitlen Selbstüberschätzung und eines naiven Vertrauens in die Wirksamkeit diplomatischer Denkschriften. In überzeugender Weise werden zunächst die Gefahren geschildert, welche sich für Preußen aus einer neuen Teilung Polens und aus einer Fortsetzung des Krieges gegen die überall siegreich vordringende französische Republik ergeben würden. Die einzige Rettung liege in einem sofortigen Waffenstillstand auf der Grundlage des uti possidetis und demnächst in einem europäischen Kongreß, auf welchem die Anerkennung der französischen Republik auszusprechen und über die erforderlichen territorialen Veränderungen zu beschließen wäre. Preußen könne hierbei Danzig und Thorn sowie den Bezirk zwischen Netze und Warte erhalten, eine Erwerbung, die Hertzberg schon bei den Verhandlungen in Reichenbach hätte durchsetzen können. Der König müsse jetzt die Initiative zum Vorschlage des Waffenstillstandes ergreifen, Hertzberg

---

*) Diese Denkschriften sowie die Antwort Friedrich Wilhelms sind in deutscher Übersetzung abgedruckt in den Anlagen der Hertzbergschen Biographie von Posselt, die französischen Originale in Häberlins Staatsarchiv. Heft I.

wolle die erforderlichen Denkschriften an die kriegführenden Mächte entwerfen und sei überzeugt, daß sowohl wegen der Beweiskraft und Stärke seiner Gründe als wegen des allgemeinen Vertrauens, welches sein Charakter genieße, eine Annahme des preußischen Vorschlages erfolgen werde. „Ich biete demnach," so schloß das letzte Schreiben an den König, „Ew. Majestät meine patriotischen und unentgeltlichen Dienste an, die bis zum Jahre 1791 so glückliche waren. Ich will keineswegs die gegenwärtigen Minister von ihren Plätzen verdrängen, ich werde mich wieder zurückziehen, sobald Ew. Majestät es für gut finden und sobald der Staat durch die Pläne gerettet ist, welche ich entwerfen will und welche die Zufriedenheit Ew. Majestät und die Anerkennung finden werden, daß sie die einzig ausführbaren sind."

Die Antwort Friedrich Wilhelms war vom 20. Juli aus dem Lager von Opalin datiert, angesichts der Wälle von Warschau, welches der König, nachdem er mit seinem Heere am 13. Juli vor der Stadt eingetroffen war, sofort mit stürmender Hand hatte nehmen wollen, dann aber auf Rat von Bischoffwerder methodisch zu belagern beschlossen hatte, um das Blutvergießen eines Sturmangriffes zu vermeiden. Diese Entscheidung war, wie sich bald zeigen sollte, nicht nur ein militärischer, sondern bei der zweideutigen Haltung von Rußland und Österreich auch ein politischer Fehler, worauf der im Hauptquartier anwesende Lucchesini mit Nachdruck aber vergebens aufmerksam gemacht hatte. Aus der Feder des letzteren stammt wahrscheinlich die Erwiderung, welche der König jetzt den Warnungen und Vorschlägen seines alten Ministers zu teil werden ließ. Obgleich von einem Eingehen auf dieselben nicht die Rede sein konnte, war doch der abweisende Ton der königlichen Kabinetts-Ordre trotz mancher ironischen Spitzen kein so verletzender wie in früheren Fällen. Die patriotischen Beweggründe Hertzbergs wurden wenigstens nicht ganz verkannt; im übrigen erinnerte man ihn daran, daß es nicht mehr seine Aufgabe sei, politische Ratschläge zu erteilen. „Überlassen Sie es den Ministern, welche Mein Vertrauen an die Spitze der Geschäfte gestellt hat, die vormals Ihnen übertragen waren, Meine Befehle zu empfangen und zu vollziehen. Ich weiß den Patriotismus zu schätzen, und Ich will gerne glauben, daß er allein Sie bei Ihren Anerbietungen bestimmt hat. Indessen wäre es doch möglich, daß die Eigenliebe in Ihren Augen die Gestalt des Patriotismus angenommen und Sie zu einem Irrtum über Ihre wahren Beweggründe verleitet hätte. Es würde mir angenehm sein, wenn dieser Gedanke Sie veranlassen sollte, künftig mehr gegen Sich Selbst auf der Hut zu sein, indem Sie Sich auf den Kreis Ihrer dermaligen Pflichten beschränken und Mir dadurch das Mißvergnügen ersparen, Ihnen ohne Unterlaß den gleichen Rat wiederholen zu müssen."

Der Verfasser dieser Kabinetts=Ordre hatte den Charakter Hertzbergs richtig erkannt, wenn er Eigenliebe und Patriotismus als dessen Hauptzüge hervorhob. Schon Mirabeau hatte so geurteilt, wenn er meinte: „Hertzberg ne voit dans ce monde sublunaire que Hertzberg et la Prusse," und Dohm sprach den gleichen Gedanken mit gerechterer Anerkennung in der Form aus, daß Preußens Größe und Ruhm und durch diesen eigener Ruhm das alleinige Ziel aller Bestrebungen Hertzbergs war. Im übrigen sollte es das letzte Mal gewesen sein, daß die aus Eigenliebe und Patriotismus gemischten Anträge des entlassenen Ministers den König behelligten. Im Herbst 1794 erkrankte Hertzberg hoffnungslos, nachdem er sich noch im Juli gerühmt hatte, seine volle Gesundheit und Kraft zu besitzen und täglich 16 bis 18 Stunden zu arbeiten. Am 25. September erschien er zuletzt in einer öffentlichen Sitzung der Akademie der Wissenschaften, wo eine von ihm verfaßte Abhandlung über die bewaffnete Neutralität im Seekriege verlesen wurde. Im November schrieb er an Webbigen: „Meine Gesundheit ist jetzt so zerrüttet, daß ich auf weitere Beförderung Ihrer litterarischen Produkte Verzicht thun muß." Dann ist er verstummt. Die Krankheit, welche in immer häufiger eintretenden krampfartigen Zufällen den siechen Körper verzehrte, lähmte auch die geistigen Kräfte, deren Schwinden sich schon in dem wirren Inhalt und den steten Wiederholungen seiner letzten Denkschriften und Eingaben deutlich angekündigt hatte. Am 27. Mai 1795, abends 11 Uhr, erlöste in Berlin den in der letzten Zeit auch der Sprache beraubten, fast siebzigjährigen Greis der Tod von seinen Leiden — wenige Wochen, nachdem der von ihm fast abgöttisch verehrte Staat Friedrichs des Großen durch den Frieden von Basel gedemütigt war.*) Die Beisetzung erfolgte unter

---

*) Die Berliner Zeitungen rühmten in einem kurzen Nachrufe Hertzbergs ausgebreitete Gelehrsamkeit, seine Festigkeit im Handeln bei dem reinsten Patriotismus, seine unermüdliche Thätigkeit und seinen menschenfreundlichen Charakter. Der „Hamburgische Unpartheyische Korrespondent" erinnerte daran, daß Hertzberg des großen Friedrich II. Freund bis an dessen Ende gewesen sei und auch in der Gelehrten=Republik durch viele vortreffliche Schriften sich „ein immerwährendes Andenken gestiftet habe". Einen mit großer Sachkunde geschriebenen, ausführlichen Nekrolog brachte das in Hamburg erscheinende „Politische Journal" im Juli 1795 unter dem Titel „Historische Züge zur Schilderung des Charakters und Lebens

großer Beteiligung der treugebliebenen Berliner Freunde am 3. Juni in Britz, dem schon 1753 von Hertzberg erworbenen Gute, dessen Bewohner in dem Verstorbenen einen allezeit hilfsbereiten Wohlthäter verloren.**)

Hertzberg pflegte in seinen letzten Jahren häufig zu äußern, daß er die ihm im Leben versagte Anerkennung von der Nachwelt erwarte. Die Nachwelt hat dieser Erwartung nicht ganz entsprochen. Die heutige Generation verknüpft, wenn sie sich der politischen Thätigkeit Hertzbergs erinnert, seinen Namen hauptsächlich mit zwei in der Geschichte Preußens denkwürdigen Ereignissen, mit dem Frieden von Hubertsburg und mit der Konvention von Reichenbach. Sie ist geneigt, seine Verdienste bei dem einen, seine Schuld bei dem andern Ereignisse zu vergrößern. Das Lob für Hubertsburg gebührt in erster Linie Friedrich dem Großen, der Tadel für Reichenbach Friedrich Wilhelm II. Nicht dem Minister, der den Friedensvertrag unterzeichnete, sondern dem militärischen und politischen Genie des großen Königs verdankt Preußen den ruhmvollen Abschluß des siebenjährigen Krieges, während dessen Nachfolger, der die günstige Stunde des Kampfes mit Österreich versäumte, vor der Geschichte die Verantwortung für die Mißerfolge in und nach Reichenbach trägt. Hertzberg hat auf die auswärtige Politik Preußens nie den ent-

---

des Grafen v. Hertzberg." Der ungenannte Verfasser, der nach seiner Angabe sechzehn Jahre hindurch bis zum Tode des Ministers im brieflichen Verkehr mit ihm gestanden hatte, ist vielleicht der dänische Etatsrat v. Schirach in Altona, der Herausgeber des „Politischen Journals". Auch Posselt veröffentlichte in den „Europäischen Annalen" (Jahrgang 1795. Band III. Seite 3 bis 6) einen Nachruf, in welchem er das Erscheinen der von ihm vorbereiteten Biographie Hertzbergs ankündigte und die Vorrede zu dem so eben herausgekommenen dritten Bande der Hertzbergschen Staatsschriften mitteilte. Der alte Gleim in Halberstadt, der Sänger der preußischen Kriegslieder, widmete in der „Neuen deutschen Monatsschrift" (Juli 1795) seinem heimgegangenen Gönner eine freilich ziemlich unbedeutende Trauerode, deren Anfangsstrophe lautet:

    So gehen die alten Patrioten
    Nun, einer nach dem andern, hin!
    Seyd nun, ihr neuen, seid Zeloten!
    Nun übertrefft an Geist, an Mut, an Ehrlichkeit,
    Wenn's möglich ist, die alten weit!

Das Testament Hertzbergs vom 4. Juli 1793 mit Kodizill vom 14. September und Anhang vom 23. November 1794 wurde im Dezemberheft der „Berlinischen Monatsschrift" von 1795 abgedruckt. Dasselbe enthält keine politischen Betrachtungen.

**) Die von dem Prediger Wolf in Britz gehaltene Gedächtnisrede auf Hertzberg ist 1795 zu Berlin im Druck erschienen.

scheidenden Einfluß geübt, auch nicht in der Zeit von 1786 bis 1789, die er speziell sein Ministerium zu nennen liebte, und die ihm neben den Tagen von Hubertsburg in der Rückerinnerung als die Glanzzeit seiner diplomatischen Wirksamkeit erschien. Ihm bleibt der Ruhm, als ein treuer und verständnisvoller Gehilfe Friedrichs II. an der Politik mitgearbeitet zu haben, die Preußen zu einer europäischen Großmacht erhob und für seine Aufgabe in Deutschland die Bahnen wies, aber er vermochte nicht, diese Politik unter einem minder begabten und dabei auf seine Autorität eifersüchtigen Herrscher in dem richtigen Geleise weiterzuführen. Der Gedanke, daß Preußen mit seiner schlagfertigen Armee und seinem gefüllten Staatsschatz berufen sei, an der Spitze und im Bunde mit den kleineren europäischen Staaten das allgemeine Gleichgewicht den Großmächten gegenüber aufrecht zu erhalten und die Rolle eines Schiedsrichters und Friedensstifters in den Angelegenheiten Europas zu spielen, war in der damaligen Weltlage nicht schlechthin als eine Utopie zu verwerfen, aber die Art, wie Hertzberg und Friedrich Wilhelm II. dieses System durch fortgesetzte militärische Demonstrationen und durch verfrühte Einmischung in Angelegenheiten, die dem preußischen Interesse fern lagen, verwirklichen wollten, erschöpfte die Kräfte des Staates, ohne ihm einen materiellen oder auch nur moralischen Gewinn zu bringen. Die auf neue Gebietserwerbungen für Preußen gerichteten Pläne Hertzbergs, die in Verbindung standen mit dem theoretisch ausgeklügelten Projekte eines umfassenden Gebietsaustausches zwischen verschiedenen europäischen Ländern, krankten an der unwahrscheinlichen Voraussetzung, daß gerade die mit Preußen verbündeten Mächte, Polen und die Türkei, bereit sein würden, die Hauptkosten der preußischen Vergrößerung zu tragen. Auch das Bündnis mit den Seemächten entsprach nicht den Erwartungen, die Hertzberg für das preußische Interesse daran geknüpft hatte. England, das zwar bereit war, im Verein mit Preußen dem französischen Einfluß in Holland und dem russischen in Dänemark und Schweden entgegenzutreten, versagte in den entscheidenden Augenblicken, wenn es sich darum handelte, preußische Forderungen an Österreich oder an Rußland wirksam zu unterstützen. Das unfruchtbare Ergebnis der Verhandlungen in Reichenbach war nicht zum wenigsten eine Folge der englischen Politik, die auf der strikten Wiederherstellung des Besitzstandes der Mächte vor dem Kriege bestand und dem preußischen Verbündeten keine Machterweiterung an der Ostsee gönnte. Ein anderer ungünstiger Faktor für das Gelingen der Hertzbergschen Kombinationen lag in der Persönlichkeit Friedrich

Wilhelms II., der, ohne ein bestimmtes politisches System mit festen Grundsätzen zu befolgen, die Pläne des Ministers durch rasche und unerwartete Entschließungen kreuzte und in Lagen, wo Friedrich II. gehandelt hätte, sich nur zu halben Maßregeln aufraffen konnte. So kam es, daß Hertzberg, der dem Auslande, wo man den persönlichen Einfluß Friedrich Wilhelms II. unterschätzte, eine Zeit lang als Lenker der preußischen Politik erschien, für Fehler verantwortlich gemacht wurde, die er nicht begangen hatte, während umgekehrt unter Friedrich dem Großen ein Abglanz des Ruhmes, welcher die Staatskunst des Königs umstrahlte, auch auf den ausführenden Minister zurückfiel.

Trotz seiner Mißerfolge und Irrungen bleibt dem Grafen Hertzberg unter den auswärtigen Ministern Preußens ein ehrenvoller Platz gesichert. Seine Auffassung von dem europäischen Berufe Preußens, als Führer der schwächeren Staaten der Eroberungspolitik der kontinentalen Großmächte entgegenzutreten, war an sich gesunder und fruchtbarer als der damals durch keine wirkliche Interessengemeinschaft gerechtfertigte Versuch eines Bündnisses mit Österreich, das zum Kriege mit der französischen Republik führte, oder als das völlige Ausscheiden aus dem europäischen Konzerte, welches die Losung der preußischen Staatsmänner nach dem Baseler Frieden wurde. Und wie hoch stand Hertzberg nicht nur an politischer Einsicht, sondern auch an Kenntnissen, Bildung und Charakter über seinen Nachfolgern! Seine in drei Bänden gesammelten Staatsschriften wurden von den Zeitgenossen als mustergiltig bewundert und haben durch die Beherrschung des Stoffes, die klare und geschickte Beweisführung und die einfache Würde des Stils in der preußischen Staatskanzlei als eine Tradition fortgewirkt, die auch dann nicht ganz verloren ging, als unter dem Einfluß von Haugwitz und Lombard eine geziertere und gewundnere Schreibart in Aufnahme gekommen war.*)
Die zahlreichen Akademiereden und kleineren historischen Abhandlungen von Hertzberg erheben sich zwar nicht durch tiefere wissenschaftliche Auffassung über das Niveau der Aufklärung, die damals in den Kreisen der Berliner Gelehrtenwelt herrschte, und sind, da sie von dem viel-

---

*) Der französische Gesandte Laforest fand im Jahre 1804, zur Zeit Hardenbergs, daß die Noten des preußischen Kabinetts in einem Stil übertriebener Würde und Schärfe abgefaßt wären, um dann später mündlich abgeschwächt und gemildert zu werden. „Toutes ses notes sont écrites d'un style tranchant, sont soigneusement obscures, sont boursouflés de dignité, sont calculées pour l'oeil de publie. Les adoucissements et les explications viennent après dans la privauté des conférences." (Bericht an Talleyrand vom 16. Oktober 1804.)

beschäftigten Staatsmann meist rasch entworfen und einem Schreiber in die Feder diktiert wurden, auch nicht frei von Irrtümern und Ungenauigkeiten. Aber sie legen immerhin ein rühmliches Zeugnis von der vielseitigen Bildung und dem weiten Blick des Verfassers ab und haben als interessante und sachkundige Beiträge zur Zeitgeschichte dauernden Wert behalten.*) Auch als Kurator der Preußischen Akademie der Wissenschaften hat sich Hertzberg unleugbare Verdienste erworben, indem er dem dort herrschenden französischen Geiste durch Berufung zahlreicher deutscher Gelehrter und durch die Einsetzung einer besonderen Deputation zur Bearbeitung und Vervollkommnung der deutschen Sprache entgegentrat.**) Seine sonstigen Reformversuche sind nicht immer glückliche gewesen und riefen oft heftigen Widerspruch hervor, doch wird es stets ein merkwürdiges Symptom der servilen Gesinnung der damaligen Akademiker bleiben, daß niemand es wagte, dem in Ungnade gefallenen Staatsmann nach dessen Tode die übliche Gedenk- und Lobrede zu halten,***) die doch selbst einem Wöllner zu teil wurde, ja daß in den Jahresberichten der Akademie das Ableben Hertzbergs sogar mit Stillschweigen übergangen wird.

Die nationale und vaterländische Gesinnung, die Hertzberg überall bewährte, bildet den Grundzug seiner staatsmännischen Wirksamkeit. Die Liebe zum Vaterland war, wie Dohm es ausdrückt, die einzige Leidenschaft, die bei ihm bemerkt wurde, und hat ihm auch seitens Friedrichs des Großen das Ehrenprädikat „ce patriote" eingetragen. Sein Vaterland war der preußische Staat, dessen europäische Großmachtstellung er mit allen Mitteln zu sichern und zu befestigen suchte. Auch der deutsche Fürstenbund sollte nach Hertzbergs Auffassung mittelbar

---

*) Unter dem Titel: „Politisches Register über die gesammelten Schriften des Grafen v. Hertzberg nebst besonderen Betrachtungen über einige in denselben vorkommende Sätze" erschien 1798 in Frankfurt und Leipzig eine lesenswerte, wenn auch etwas pedantisch und doktrinär geschriebene Broschüre von einem ungenannten Verfasser. Die aus dem Zusammenhange gerissenen „Sätze" Hertzbergs werden darin in drei Kategorien geteilt: 1. Widersprüche in Worten und Thatsachen, 2. Zweifelhafte Sätze, 3. Übertriebene Behauptungen.

**) Eine ausführliche und klassische Darstellung der Wirksamkeit Hertzbergs als Leiter der Akademie giebt Harnack in seiner demnächst erscheinenden „Geschichte der Königlich Preußischen Akademie der Wissenschaften".

***) Nur beiläufig ist der Thätigkeit des verstorbenen Kurators „in Bezug auf die Akademie" gelegentlich einer Rede gedacht, die aus Anlaß des Geburtstages Friedrich Wilhelms II. von dem ständigen Sekretär der Akademie, Geheimrat Formey, verfaßt und von dem Direktor Merian in der öffentlichen Akademiesitzung am 1. Oktober 1795 verlesen wurde.

diesem Zwecke dienen, da er glaubte, daß Preußen nur durch eine verstärkte Stellung in den europäischen Angelegenheiten befähigt sein würde, der deutschen Freiheit und Verfassung ein kräftiger Beschützer zu sein. Dieses starke Gefühl für die Ehre, die Würde und die großen Aufgaben des preußischen Staates ging unter Hertzbergs Nachfolgern der Leitung des Auswärtigen Amtes zeitweilig verloren, so daß die preußische Politik von 1790 bis 1806 mit dem mangelnden Bewußtsein der eigenen Kraft und fester Ziele allmählich in Abhängigkeit von fremden Einflüssen und Interessen geriet. Hertzberg war der letzte Staatsmann des alten Preußen, der nie die von Friedrich Wilhelm I. seinen Kabinettsministern eingeschärfte Mahnung vergaß, „jederzeit auf das Interesse des Königlichen Hauses zu sehen und gut preußisch zu sein."

Gedruckt in der Königlichen Hofbuchdruckerei von E. S. Mittler & Sohn,
Berlin SW12, Kochstraße 68—71.